Herausgegeben von Olaf Benzinger

Jeanne Rubner, geb. 1961 in Freiburg, ist außenpolitische Redakteurin der ›Süddeutschen Zeitung‹ in München mit Schwerpunkt Westeuropa und EU. Die promovierte Physikerin hat zuvor in den Bereichen Innenpolitik und Wissenschaft der ›SZ‹ gearbeitet.

Arthur Carlson, geb. 1954 in Oregon (USA), entwickelt Computerprogramme für Großteleskope am Max-Planck-Institut für Extraterrestrische Physik. Davor hat der promovierte Physiker über Fusionsenergie geforscht und in der Versicherungsbranche gearbeitet.

einfach wissen

Das Wichtigste über

Politik & Wirtschaft

Von Jeanne Rubner
und Arthur Carlson

Mit zahlreichen farbigen Abbildungen

Deutscher Taschenbuch Verlag

Ein Überblick über die gesamte Reihe findet sich am Ende des Buches

Originalausgabe 2006
2. Auflage 2011
© Deutscher Taschenbuch Verlag GmbH & Co. KG,
München
Das Werk ist urheberrechtlich geschützt.
Sämtliche, auch auszugsweise Verwertungen bleiben vorbehalten.
Umschlagkonzept: Balk & Brumshagen
Umschlagfoto: Corbis/zefa/Günter Rossenbach
Redaktion, Satz und Innengestaltung: Lektyre Verlagsbüro, Germering
Gesetzt aus der Concorde 9/13°
Druck und Bindung: APPL, Wemding
Gedruckt auf säurefreiem, chlorfrei gebleichtem Papier
Printed in Germany. 978-3-423-34367-1

Inhalt

Vorwort des Herausgebers   7

Persönlichkeiten   9
 Karl Marx • Henry Ford • Konrad Adenauer • Mahatma Gandhi • John Maynard Keynes • Mao Zedong • Ludwig Erhard • Ajatollah Khomeini • Erich Honecker • Willy Brandt • Nelson Mandela • Karl und Theo Albrecht • Jassir Arafat • Helmut Kohl • Michail Gorbatschow • Joschka Fischer • Bill Gates • Osama bin Laden

Grundlegende Fragen   74
 Menschen- und Bürgerrechte • Staatsformen • Der Rechtsstaat und die Gewaltenteilung • Das Grundgesetz • Politische Parteien • Politische Institutionen der Bundesrepublik • Beispiel für ein konkretes Politikfeld: Umweltpolitik • Der Sozialstaat • Krieg und Frieden • Angebot und Nachfrage • Wirtschaftspolitik • Globalisierung • Alterspyramide

Wichtige Schauplätze   115
 Berlin • Jerusalem • Brüssel • New York City • Bretton Woods • Zürich • Cyberspace

Meilensteine   138
 Blüte der Demokratie in Athen • Jahrzehnte der atlantischen Revolutionen • Industrielle Revolution • Börse • Trinity Test • Ölkrise • Das Ende der Geschichte • 11. September 2001 • Der Euro

Anhang   166
　Zum Weiterlesen · Glossar der wichtigsten Begriffe auf der Finanzseite Ihrer Tageszeitung · Firmen im DAX · Die reichsten Deutschen · Mitgliedstaaten der EU · Die deutschen Bundesländer · Zentralen für Politische Bildung · Die österreichischen Bundesländer · Die schweizerischen Kantone · Namenverzeichnis · Bildnachweis

Vorwort des Herausgebers

Bildung steht wieder hoch im Kurs: Wissen ist wichtig für den beruflichen und den persönlichen Erfolg. Eine gute Allgemeinbildung erhöht nicht nur die Chancen im Leben, sondern auch den Spaß daran. Man kann sogar Millionär damit werden.

Heutzutage steht uns eine nahezu unbegrenzte Menge an Wissen zur Verfügung, das jederzeit aus Büchern, aus anderen Printmedien und aus dem Internet abgerufen werden kann. Dennoch ist ständig die Rede davon, dass das Bildungsniveau nicht steigt, sondern sinkt, und zwar quer durch alle Bevölkerungsschichten.

Über die Ursachen für diese Entwicklung wird viel diskutiert. Eines ist klar: Die steigende Informationsflut macht zusammen mit der wachsenden Medienvielfalt den Erwerb und die dauerhafte Aneignung von Wissen nicht einfacher, eher sogar schwieriger. Was man irgendwann mal gelernt hat, verschwindet aus dem Gedächtnis, was man neu aufnimmt, bleibt nicht richtig darin verankert. Man weiß immer mehr und versteht immer weniger.

Das überraschend schwache Abschneiden der Deutschen in der schon fast sprichwörtlich gewordenen PISA-Studie hat sicherlich viele Ursachen, ist aber gerade auch vor diesem Hintergrund zu verstehen.

Die Reihe ›einfach wissen‹ bietet hier Unterstützung an. Namhafte Wissenschaftspublizisten stellen in acht Bänden ein breites Spektrum von Wissensgebieten vor: von Naturwissenschaft und Technik bis Theologie, von Literatur bis Politik und Wirtschaft, von Geschichte bis Geografie, von Medizin bis Kunst und Musik. Aus dem jeweiligen Fachgebiet werden zentrale Informationen herausgefiltert, die als Grundwissen gelten können. Dadurch entsteht eine solide Wissensbasis, die es erleichtert, weiteres Detailwissen einzuordnen, miteinander zu verknüpfen und im Gedächtnis zu behalten. Die Texte sind in knappen Einheiten aufgebaut, sie sind gut verständlich und unterhaltsam geschrieben.

Eine Fülle von Abbildungen illustriert und ergänzt die Informationen im Text. Im Anhang findet man Lektüreempfehlungen sowie zahlreiche weitere praktische Hinweise und Informationen. So kann man vorhandene Kenntnisse spielerisch auffrischen und sich neue Themenfelder erschließen.

Der vorliegende Band beschäftigt sich mit Fragen der Politik und der Wirtschaftswissenschaften. Vorgestellt werden zunächst die herausragenden Persönlichkeiten, die mit ihrem politischen Wirken und ihren ökonomischen Ideen den menschlichen Gesellschaften maßgebliche Beiträge und Impulse gegeben haben. Ebenfalls im Zentrum stehen jene Grundlagen, auf denen das Funktionieren eines Staatsgebildes ruht. Eingebettet darin fassen Artikel die wesentlichen Theorien der modernen Politik- und Wirtschaftswissenschaften zusammen – kurz: das Wichtigste, das wir über den Zusammenhalt unserer Gesellschaft heute wissen sollten. Im Anhang findet sich eine Vielzahl praktischer Informationen wie Lesehinweise, ein Glossar wichtiger Finanzbegriffe, Zahlen und Daten zu den Mitgliedstaaten der Europäischen Union wie auch zu den deutschen Bundesländern, schließlich die Adressen der Landeszentralen für Politische Bildung, die reichhaltiges Informationsmaterial zum deutschen Staatswesen bereithalten. Eine kurze Liste der reichsten Deutschen sowie ein mit Kurzinfos versehenes Namenverzeichnis runden den Band ab.

Olaf Benzinger
Germering, im Sommer 2006

Persönlichkeiten

Karl Marx (1818–1883)

Kaum ein Deutscher hat das politische Schicksal mehrerer Nationen so nachhaltig beeinflusst, obwohl er kein Kaiser, nicht mal ein Politiker war. Karl Marx, 1818 in Trier geboren, hatte mit Friedrich Engels im deutschen Schicksalsjahr 1848 das ›Manifest der Kommunistischen Partei‹ geschrieben, und damit indirekt die Grundlage gelegt für den Kampf zwischen Deutschland und Russland im Zweiten Weltkrieg, für den Kalten Krieg und für die Teilung Deutschlands, die ein halbes Jahrhundert währte.

In Bonn fing Marx zunächst an, Jura zu studieren, wechselte aber bald zu Philosophie und Geschichte in Berlin. Dort stieß er zu radikalen Anhängern des deutschen Philosophen Hegel, die dessen Dialektik als noch nicht beendet betrachteten und folglich tief greifende Veränderungen in der damaligen Gesellschaft erwarteten. Marx promovierte in Philosophie in Jena und arbeitete dann als Journalist – zunächst als Hauptmitarbeiter der ›Rheinischen Zeitung‹, bis diese wegen der von ihm eingeführten radikalen oppositionellen Haltung verboten wurde, danach freiberuflich. Er ging ins Exil, erst nach Paris, dann nach Brüssel, wurde aber auch dort für seine zunehmend radikalen Ideen vom preußischen Staat verfolgt.

In Paris begann seine enge Zusammenarbeit mit Friedrich Engels, die sein Leben lang währen sollte. Ein erster Höhepunkt war 1847 in London die Gründung des »Bundes der Kommunisten«, der Keimzelle der späteren sozialistischen und kommunistischen Parteien in aller Welt. Im darauf folgendem Jahr, am 24. Februar 1848, veröffentlichten die beiden ›Das Manifest der Kommunisti-

Karl Marx, zeitgenössische Zeichnung.

schen Partei‹, eine der einflussreichsten politischen Schriften der Geschichte. Wenige Tage später fing die Deutsche Revolution an.

In diesen Tagen gab es bürgerlich-demokratische und nationale Erhebungen nicht nur in den Staaten des Deutschen Bundes und anderen preußischen und österreichischen Gebieten, sondern auch in Italien und Frankreich. Die Revolution breitete sich innerhalb weniger Wochen auf alle deutsche Fürstentümer aus und erzwang Wahlen zu einer verfassungsgebenden Nationalversammlung, die in Frankfurt am Main in der Paulskirche zusammentrat. Dieser erster Versuch, einen demokratisch verfassten, geeinten deutschen Nationalstaat zu schaffen, wurde bis Mitte des darauf folgenden Jahres von preußischen und österreichischen Truppen allerdings verhindert. Dennoch bildeten sich hier die Grundlagen für den Siegeszug der bürgerlichen Demokratie in Europa heraus.

Die Schrift von Marx und Engels hatte allerdings keinen unmittelbaren Einfluss auf den Verlauf dieser Ereignisse. Erst nach der Wiederherstellung der alten Ordnung begannen die Arbeiter sich in eigenen Vereinen, den Vorläufern der Gewerkschaften, zu organisieren.

Im Manifest stellten Marx und Engels das politische Programm der Kommunisten, einschließlich der Abschaffung von Grundbesitz und von Vermögensvererbung sowie die Verstaatlichung von Großindustrie, Eisenbahn und Reedereien dar. Dies alles sei durch eine proletarische Revolution gegen die Kapitalisten zu erreichen, und am Ende sollte eine friedliche, gerechte, weil klassenlose Gesellschaft entstehen. Einige damals revolutionäre Punkte des Programms sind aus heutiger Sicht alles andere als umstürzlerisch, im Gegenteil: Steuerprogression, eine zentrale Notenbank, universelle und kostenlose Schulen und das Verbot von Kinderarbeit sind selbstverständliche Bestandteile jedes modernen Staats.

> »Mögen die herrschenden Klassen vor einer kommunistischen Revolution zittern. Die Proletarier haben nichts in ihr zu verlieren als ihre Ketten. Sie haben eine Welt zu gewinnen. Proletarier aller Länder, vereinigt euch!«
> ›Manifest der Kommunistischen Partei‹, 1848

In den Jahren nach Erscheinen des ›Manifests‹ gab Marx seine politische Arbeit nicht auf, versuchte aber, dem Programm der Kommunisten eine theoretische, ja wissenschaftliche Grundlage zu geben. Im Jahr 1867 erschien der erste Band seines Lebenswerkes ›Das Kapital‹. Er entwarf zwei weitere Bände, konnte sie aber vor seinem Tod 1883 nicht fertig stellen. Doch sein Freund Engels sprang für ihn ein und veröffentlichte 1885 Band II und Band III zehn Jahre später.

Die Ideen von Marx erwiesen sich als kraftvoll, ausbaufähig und langlebig: Um die Jahrhundertwende spalteten sich reformorientierte Marxisten allmählich von den radikalen ab. Aus den moderaten Teilen der Bewegung entwickelte sich die Sozialdemokratie, die heute eine wichtige Kraft in allen europäischen Demokratien darstellt. Der revolutionäre Kommunismus bekam durch Lenin und den Erfolg der Oktoberrevolution in Russland ein neues Gesicht. Unter Stalin wurde die Sowjetunion als erste kommunistische Weltmacht aufgebaut. Der Preis war jedoch ein totalitärer Staat, der der kommunistischen Idee letztlich viel Schaden zufügte. Deren Kraft reichte allerdings noch für eine weitere kommunistische Revolution: in China unter Maos Führung. Der Marxismus hat mit der Auflösung des so genannten Ostblocks unter der Führung der Sowjetunion Anfang der 90er Jahre wesentlich an weltbestimmender politischer Bedeutung verloren; unter den Ländern, die heute von Marxisten regiert werden, ist nur noch China von überragender Bedeutung.

Henry Ford (1863–1947)

Kein Produkt der modernen Industrie hat die Welt der Konsumenten und der Produktion so geprägt wie die »Blechliesl« von Henry Ford. Das Ford »Modell T«-Automobil wurde in Amerika liebevoll Tin Lizzy genannt. Von 1927 bis 1972, als sie vom VW Käfer überholt wurde, war Tin Lizzy das meist verkaufte Fahrzeug der Welt.

Wie muss ein solcher Wagen beschaffen sein? Vor allem billig. Die ersten Exemplare 1908 wurden, wie damals üblich, einzeln zusammengeschraubt und kosteten 850 Dollar. Der Preis der Konkurrenzmodelle war oft dreimal so hoch. Um die Produktionskosten noch weiter zu senken, stellte Ford die Karosserien auf ein Fließband. Während vorher zwei oder drei Männer *ein* ganzes Auto bauten, musste jeder Arbeiter jetzt nur noch ein bestimmtes *Teil* in den vorbeiziehenden Fahrzeugen einsetzen. Weil jeder sich auf einen Arbeitsschritt konzentrierte, konnte er viel schneller arbeiten. Außerdem wurde er von Ford durch einen »Akkordlohn« zu noch größerer Schnelligkeit angespornt. Zudem achtete Ford da-

Henry Ford **13**

Fordwerke in den 20er Jahren.

rauf, dass möglichst viele Teile der Autos austauschbar waren und dass jedes Fahrzeug dem nächsten glich – sie waren sogar alle schwarz. Ford führte seine neuen Ideen der Massenproduktion konsequent durch, bis er sein Modell T für den sensationellen Preis von 280 Dollar anbieten konnte. Ein Auto war kein Luxus für die Reichen mehr, und Ford hatte sein Ziel erreicht: ein Fahrzeug zu bauen, das sich jeder gut bezahlte Arbeiter leisten konnte.

Fords eigene Arbeiter waren gut bezahlt: Während die Vorstellung, am Fließband zu arbeiten, heute nach kapitalistischer Ausbeute klingt, waren die Arbeitsplätze der Ford Motor Company heiß begehrt. Dort verdiente man sonst unerreichbare fünf Dollar, später sogar sechs Dollar am Tag, und das bei nur acht Stunden Arbeit. Andererseits lehnte Ford Gewerkschaften in seinen Werken

> **Einige Ansichten von Henry Ford**
>
> »Es gibt mehr Leute, die kapitulieren, als solche, die scheitern.«
> »Arbeit gibt uns mehr als den Lebensunterhalt; sie gibt uns das Leben.«
> »Die Produktion schafft die Bedürfnisse.«
> »Eigentlich ist es gut, dass die Menschen der Nation unser Banken- und Währungssystem nicht verstehen. Würden sie es nämlich, so hätten wir eine Revolution vor morgen früh.«
> »Ein Geschäft, das nur Geld einbringt, ist ein schlechtes Geschäft.«
> »Ich weiß, die Hälfte meiner Werbung ist hinausgeworfenes Geld. Ich weiß nur nicht, welche Hälfte.«
> »Jeder, der aufhört zu lernen, ist alt, mag er zwanzig oder achtzig Jahre zählen. Jeder, der weiterlernt, ist jung, mag er zwanzig oder achtzig Jahre zählen.«

rigoros ab und schreckte auch vor Einschüchterungstaktiken nicht zurück. Als er eine Kautschuk-Plantage in Brasilien gründete, lockte er einheimische Arbeitskräfte mit sozialen Versprechen an. Weil er sie nicht einhielt, kam es zu Unruhen.

Problematisch waren ebenfalls die politischen Ansichten Fords, die »gegen Immigranten, gegen Arbeiter, gegen Alkohol, und gegen Juden« gerichtet waren. Als Verleger veröffentlichte er antisemitische Schriften wie ›Die Protokolle der Weisen von Zion‹ und ›Der internationale Jude – Ein Weltproblem‹. Vor dem Zweiten Weltkrieg unterstützte Ford Hitler in seinen Ansichten und möglicherweise auch finanziell. 1938 wurde ein »Ford Fertigungswerk für die Wehrmacht« in Berlin gebaut und Henry Ford mit dem Großkreuz des Deutschen Adlerordens ausgezeichnet.

Henry Ford war 1863 als ältestes von insgesamt sechs Kindern auf einer Farm in Dearborn, Michigan, geboren worden, wo die Ford Motor Company noch heute ihren Hauptsitz hat. Er konnte nur Dorfschulen besuchen, war aber schon als Kind sehr an mechanischen Einzelheiten interessiert. Mit zwölf richtete er sich einen Werkraum ein, und mit 15 Jahren hatte er bereits seinen ersten Verbrennungsmotor gebaut.

Als junger Mann begeisterte er sich für die aufregende neue Technologie der Elektrizität. Die große Frage damals war, ob Gleichstrom oder Wechselstrom sich durchsetzen würde – als Gegenspieler taten sich zwei der größten Erfinder aller Zeiten hervor: Thomas Edison und George Westinghouse. Nach einer Lehre als Mechaniker arbeitete der junge Ford zunächst an Verbrennungsmotoren bei Westinghouse, später wechselte er zu Edison, wo er Chefingenieur wurde.

Er experimentierte in seiner Freizeit weiter mit Verbrennungsmotoren, bis er 1896 sein erstes selbst getriebenes Fahrzeug herstellte. Seine erste Automobilfirma war nach kurzer Zeit bankrott, aber 1903 machte er mit der Ford Motor Company einen zweiten Anlauf. Er entwickelte einen Prototypen nach dem anderen, bis er endlich beim Modell T den Durchbruch erreichte.

Konrad Adenauer (1876–1967)

Der »Alte« schien zunächst eine Notlösung zu sein: Als Konrad Adenauer am 15. September 1949, immerhin bereits 73 Jahre alt, zum Bundeskanzler gewählt wurde, erhielt er nur eine Stimme Mehrheit – seine eigene, denn er hatte selbst mitgewählt und für sich gestimmt. Doch Adenauer sollte mehr sein als nur ein Übergangskandidat. Dreimal wurde er wieder gewählt und regierte gut 13 Jahre die junge Republik. Noch heute ist er für viele ein Polit-Idol – Adenauer wurde in einem Fernsehwettbewerb 2003 zum »besten Deutschen« erkoren.

Wie kein anderer steht Konrad Adenauer für die fast schon wundersame Wiederauferstehung Deutschlands aus den Ruinen. Er betrieb die allmähliche Abnabelung von der Militärverwaltung der Alliierten, begleitete die Geburt des Grundgesetzes, das den Rechtsstaat garantierte. Unter ihm begann das Wirtschaftswunder, das der jungen Bundesrepublik ein schier unglaubliches Wachstum bescherte, und er führte das geschundene Land zurück in die Weltgemeinschaft.

Konrad Adenauer wurde 1876 in Köln als drittes Kind eines Kanzleirates am damaligen Appellationsgericht der Domstadt geboren. Er studierte Jura, betätigte sich jedoch nur kurz als Assessor und Rechtsanwalt. Als Mitglied der Deutschen Zentrumspartei arbeitete er bald danach in der Stadtverwaltung und wurde 1917 zum Oberbürgermeister Kölns gewählt – als jüngstes Oberhaupt einer deutschen Großstadt. Das Amt behielt er bis 1933, als bei den Kommunalwahlen die Zentrumspartei den Nationalsozialisten unterlag. Während des Dritten Reiches wurde er mehrfach von der Gestapo verhaftet, jedoch immer wieder freigelassen. Im Widerstand gegen Hitler engagierte Adenauer sich nicht, weil er nicht an dessen Erfolg glaubte. 1945 setzten ihn die Amerikaner als Kölner Oberbürgermeister wieder ein, im selben Jahr entließen ihn die Briten – offiziell wegen Unfähigkeit, in Wahrheit möglicherweise eher, weil er Pläne hegte, zusammen mit den Franzosen einen kleinen Rheinstaat zu gründen.

Sein Aufstieg in der Bundespolitik begann 1948 im Parlamentarischen Rat, einer Runde von 68 Abgeordneten aus den elf Landtagen, die auserwählt waren, zusammen mit dem Verfassungskonvent das Grundgesetz für die Bundesrepublik auszuarbeiten. Nach neun Monaten war es soweit: Am 8. Mai 1949 verabschiedete der Rat die 146 Artikel des Grundgesetzes, das wenig später während einer Zeremonie im schmucklosen Turnsaal der ehemaligen Pädagogischen Akademie in Kraft trat. Bonn, so wollte es Adenauer, sollte Hauptstadt werden – und er setzte das mit meisterlicher Taktik durch: Die Sache war noch nicht entschieden, da wurde in Bonn bereits ein Plenarsaal für den Bundestag gebaut. Dabei standen im Mai 1949 die Chancen zunächst besser für Frankfurt, doch eine lancierte Agenturmeldung, wonach die Sozialdemokraten sich bereits über die Niederlage Adenauers bei der Hauptstadt-Abstimmung freuten, ließ die Stimmung bei der Union kippen. Selbst die Frankfurt-Anhänger votierten für Bonn, und Adenauer konnte als späterer Kanzler in seinem Haus in Rhöndorf wohnen bleiben.

Andere 73-Jährige hätten sich nach diesem Erfolg vielleicht zur Ruhe gesetzt, für Adenauer war die Verabschiedung des Grundgesetzes erst der Anfang. Im September übernahm er den Vorsitz der Bundestagsfraktion der CDU und CSU. Den ersten Bundeswahlkampf hatte die Union knapp gewonnen, einen Kanzlerkandidaten hatte sie allerdings nicht. Mit viel Charme und Taktik überzeugte Adenauer Union, FDP und Deutsche Partei, ihn als Kanzler zu nominieren.

Der erste Bundeskanzler stand freilich einem Land vor, das noch nicht souverän war. Das letzte Wort hatte noch immer der Alliierte Kontrollrat. Zäh verhandelte Adenauer mit den Westmächten über einen unabhängigen Staat. Sein Angebot: Westdeutsch-

Konrad Adenauer und Charles de Gaulle, 1958.

land sollte Teil des Nordatlantik-Militärbündnisses werden. Das war riskant, denn eine Mehrheit der Deutschen lehnte die Wiederbewaffnung ab. Auch sein Innenminister, Gustav Heinemann, trat 1950 aus Protest zurück. Am Ende setzte Adenauer sich durch: Bereits 1955 trat Deutschland der NATO bei und baute nun eigene Streitkräfte auf.

Die Mitgliedschaft in der NATO war nur ein Baustein von Adenauers Westpolitik. Beharrlich suchte er den Anschluss an die Westmächte, vor allem an Frankreich. Sein gutes Verhältnis zu Staatspräsident Charles de Gaulle war dabei äußerst hilfreich. Adenauer habe mit seiner Politik Deutschland alle vorstellbaren Vorteile herausgeschlagen, zollte de Gaulle ihm später Respekt. Ohne die Annäherung zum früheren Feind, die 1963 in den deutsch-französischen Freundschaftsvertrag mündete, wäre auch kaum die europäische Einigung in Gang gekommen. Zwar scheiterte die geplante Europäische Verteidigungsgemeinschaft am Widerstand des französischen Parlaments, doch es folgten rasch Wirtschaftsverträge wie die »Montanunion« oder die »Europäische Wirtschaftsgemeinschaft« als Vorläufer der heutigen »Europäischen Union«. Die Westorientierung brachte freilich einen Nachteil mit sich: Sie beschleunigte die deutsche Teilung. Doch die Geschichte hat letztlich Adenauers Westkurs als die richtige Politik bestätigt.

Besonders populär machte den Kanzler die Rückholung der Kriegsgefangenen. 1955 kamen die letzten zehntausend heim aus Russland; als Gegenleistung hatte Adenauer wieder diplomatische Beziehungen mit der Sowjetunion aufgenommen. Verdient gemacht hat er sich auch um die Versöhnung mit den Juden. Er setzte durch, dass Wiedergutmachungszahlungen an Israel gingen.

Der Taktiker Adenauer ging selbst seiner eigenen Partei und Anhängern manchmal gehörig auf die Nerven. Zu Beginn seiner Amtszeit vereinte er eine heute unvorstellbare Machtfülle auf sich: Bis 1955 fungierte er auch als Außenminister, er bestimmte Ressortzuständigkeiten und benannte und entließ Minister, wie es ihm passte. Auch brachte er es fertig, 1961 gegen den Willen von Teilen der Union und der FDP noch einmal als Kanzlerkandidat aufgestellt zu werden. Es gab schließlich keine anderen Kandidaten, das hatte Adenauer geschickt zu verhindern gewusst. Immerhin versprach er, während seiner vierten Amtszeit zurückzutreten, um einem Nachfolger Platz zu machen. Die so genannte »Spiegel-Affäre« war dann der Anfang vom Ende seiner Kanzlerschaft im Oktober 1963. Bis zu seinem Tod am 19. April 1967, da war er 91 Jahre, blieb er Bundestagsabgeordneter.

Adenauer war kein »Lehrmeister der Demokratie«, hat der Zeithistoriker Peter Graf Kielmansegg festgestellt. Er machte es den Deutschen auch leicht, die Vergangenheit zu verdrängen, weil viele alte Nazis in der Politik mitmischten oder als Juristen, Ärzte, Diplomaten und Offiziere reüssierten. Dennoch sind viele Fachleute der Meinung, dass der autoritäre Führungsstil zu dieser Zeit das Richtige für die demokratieentwöhnten und auch skeptischen Deutschen war. Und Adenauer schaffte es, das geschundene Land aufzubauen – obwohl er selbst zu Beginn skeptisch war, ob das Volk nicht »langsam, aber sicher zugrunde« gehen würde. Zu den »besten Deutschen« gehört er deshalb zweifelsohne.

Mahatma Gandhi (1869–1948)

Der junge, schmächtige Mann hatte eine Fahrkarte für die erste Klasse gekauft, doch das war dem Schaffner egal. Als Inder müsse er hier in Südafrika so wie die Schwarzen die dritte Klasse benutzen, sagte er. Der Mann aber weigerte sich freiwillig auszusteigen. Da kam ein Polizist und warf ihn und sein Gepäck hinaus.

Als Mohandas Karamchand Gandhi 1893 in Südafrika aus dem Zug geworfen wurde, war er noch ein unbekannter Rechtsanwalt und ein unpolitischer Mensch. Der 24-Jährige war für ein Jahr nach

Durban gekommen, weil seine Karriere in Bombay eher schlecht verlaufen war und er hier bei einer Firma mehr Geld verdienen konnte. Doch das Erlebnis veränderte Gandhi, der sich fortan für die Rechte der Inder und die Unabhängigkeit Indiens einsetzte und sich damit zur weltweiten Symbolfigur für den friedlichen Freiheitskampf entwickelte.

Gandhi wurde in der heutigen Provinz Westgujarat geboren, wo sein Vater im Fürstentum Porbandar Kaufmann war und ein Ministeramt bekleidete. Seine Mutter war eine gläubige Vishnu-Anhängerin. Mit 13 Jahren wurde der Junge mit der gleichaltrigen Kasturba Nakanji verheiratet. Bis er sich mit 36 Jahren dem Zölibat verpflichtete, bekam das Paar vier Söhne.

Gandhi studierte Jura an verschiedenen indischen Universitäten und in London, denn seine Eltern wollten, dass er gemäß der Familientradition ein Amt in Porbandar übernahm. Doch Gandhi machte eine nur mäßige Figur im Gerichtssaal von Bombay und ernährte sich und seine Familie mehr schlecht als recht. Da kam ihm die Stelle in Durban gerade gelegen.

Nach jenem Erlebnis im Zug wurde ihm jedoch bewusst, wie schlecht seine Landsleute, die zahlreich in Südafrika lebten, dort behandelt wurden. Kurz vor seiner Rückkehr nach Indien las er in einer Zeitung von einem geplanten Gesetz, das den Indern in Südafrika das Wahlrecht nehmen sollte. Er blieb in Durban und engagierte sich gegen dieses Gesetz. Zwar gelang ihm nicht, es zu verhindern, doch damit begann sein Kampf gegen die Diskriminierung seiner Landsleute.

Nachdem viele seiner Aktionen zunächst erfolglos blieben, wählte er die Methode des gewaltlosen Widerstands, die er »Satyagraha« nannte: Die Inder sollten das neue Gesetz ignorieren und Strafen erdulden, statt sich dagegen zu wehren. In den folgenden sieben Jahren wurden Tausende Inder eingesperrt, die ihre Ausweise verbrannten oder andere Formen des Widerstands erprobten – bis die südafrikanische Regierung endlich bereit war, mit Gandhi zu verhandeln.

Mahatma Gandhi **21**

Mahatma Gandhi und Jawaharlal Nehru, Bombay 1946.

1915 kehrten Gandhi und seine Familie nach Indien zurück. Dort ließ er sich überzeugen, sich für nationale Ziele einzusetzen. Zusammen mit Kasturba begann er traditionell zu leben und hüllte sich in eines der Tücher, mit denen er stets auf späteren Fotos zu sehen sein wird. Beide bereisten das Land und lebten in Ashrams, klosterähnlichen Meditationszentren. Noch setzte Gandhi sich nicht für Unabhängigkeit von Großbritannien ein: Die Zeit war noch nicht reif und der Kolonialismus hatte seine Blütezeit erreicht. Vielmehr ermunterte Gandhi seine Landsleute, sich freiwillig für den Ersten Weltkrieg zu melden – er hoffte, dass sie auf diese Weise endlich zu vollwertigen Bürgern des Königreiches werden würden.

1918 entdeckte er die besitzlosen Bauern, die von den meist britischen Landherren gezwungen wurden, statt Getreide Indigo und andere Gewinn bringende Pflanzen anzubauen. Gandhi engagierte sich in den Dörfern, überzeugte die Bewohner, diese sauber zu halten und den Unberührbaren sowie den Frauen Rechte zu geben. Als er Protestmärsche gegen die Landbesitzer organisierte, stieg sein Ruhm. In dieser Zeit begannen Menschen, ihn mit »Bapu« (Vater) und »Mahatma« (Große Seele) anzusprechen.

Das Massaker von Jallianwala 1919, bei dem während einer Demonstration gegen ein Gesetz 379 Menschen von britischen Truppen erschossen wurden, änderte Gandhis Einstellung gegenüber der Kolonialmacht. Er kämpfte fortan gegen die britische Fremdherrschaft. Gandhi wurde Oberhaupt des Nationalen Kongresses und er veränderte die Partei von einem elitären Club zu einer Massenorganisation. Nachdem er zum Boykott britischer Waren aufrief, wurde er 1922 verhaftet und zu sechs Jahren Gefängnis verurteilt, nach zwei Jahren jedoch wegen einer Blinddarm-Operation wieder freigelassen.

Sein größter Erfolg aber war der so genannte »Salzmarsch«, der ihn und Tausende von Anhängern 400 Kilometer weit von Ahmedabad nach Dandi führte. Der Grund war eine Salzsteuer. Über 60 000 Menschen wurden eingesperrt, doch bald war die Regierung bereit, mit Gandhi über die Freilassung zu verhandeln.

Als 1939 der Zweite Weltkrieg begann, protestierte Gandhi gegen die Zwangsverpflichtung Indiens, als Kolonie automatisch am Krieg teilzunehmen, und verstärkte seinen Kampf für die Unabhängigkeit des Landes. »Quit India« heißt seine Losung – verlasst Indien. Wegen seines Engagements wurde er erneut zwei Jahre inhaftiert, doch zum Kriegsende hin mehrten sich die Signale, dass die Briten bereit waren, ihre Kolonie in die Freiheit zu entlassen. Gandhi wehrte sich gegen die Teilung in Pakistan und Indien – ohne Erfolg. Immerhin gelang es ihm, Aufstände gegen die Teilung zu beenden.

Nach der Unabhängigkeit konzentrierte Gandhi sich auf die Einheit zwischen Hindus und Moslems. Ein letztes Mal trat er in Hungerstreik, um zu erreichen, dass die Führer der Hindus, Sikhs und Moslems der Gewalt abschwörten und zum Frieden aufriefen. Am 30. Januar 1948 wurde Gandhi auf dem Weg zum Gebet von einem fanatischen Hindu erschossen. Sein Glauben, seine Gewaltlosigkeit, seine bescheidene Lebensweise haben aus ihm einen der größten Freiheitshelden der Geschichte gemacht, den viele Menschen bewundern.

John Maynard Keynes (1883–1946)

Der Anfang des zwanzigsten Jahrhunderts war eine Zeit der Zweifel an überlieferten Weisheiten. Während Einstein das Konzept der Zeit in Frage stellte, und Schönberg das Dur-Moll-System über Bord warf, brach Keynes mit zwei festen Säulen der ökonomischen Theorie: mit dem Goldstandard und mit dem »Say'schen Gesetz«, das besagt, dass jedes Angebot sich seine Nachfrage selbst schafft.

John Maynard Keynes (ausgesprochen *kehns*), geboren 1883, startete sein Berufsleben mit besten Voraussetzungen, die Volkswirtschaftstheorie zu revolutionieren. Er war Sohn eines Ökonomieprofessors in Cambridge, wo er später selber Mathematik und Volkswirtschaftslehre studierte. Dass seine Ideen über Geld gut waren, konnte er dadurch beweisen, dass er mit seinen Investitionen ein eigenes Vermögen schuf. Seine wissenschaftlichen Ausführungen waren immer eng an die politischen Ereignisse seiner Zeit gekoppelt. Nach dem Ersten Weltkrieg argumentierte er weitsichtig – wenn auch erfolglos –, dass die Deutschland auferlegten Reparationszahlungen ökonomisch widersinnig waren: Nicht nur, dass Deutschland die Forderungen nicht erfüllen konnte, sie ruinierten auch noch das Wirtschaftssystem – ein Grund, dass Hitler an die Macht kommen konnte.

Keynes wichtigstes Werk ›Allgemeine Theorie der Beschäftigung, des Zinses und des Geldes‹, 1936 geschrieben, ist vom

> **Schulen der Volkswirtschaftslehre**
>
> **Merkantilismus:** Vom 16. Jahrhundert bis zum 18. Jahrhundert verbreitet, vom Interventionismus und Dirigismus geprägt, heute von allen seriösen Ökonomen abgelehnt.
>
> **Klassische Nationalökonomie:** Von 1776 (Adam Smith, ›Der Wohlstand der Nationen‹) bis Ende des 19. Jahrhunderts, etabliert die Ökonomie als eigenständige Wissenschaftsdisziplin, charakterisiert durch Individualismus, Liberalismus, Determinismus und Wettbewerb.
>
> **Neoklassik:** Von der zweiten Hälfte des 19. Jahrhunderts bis in die dreißiger Jahre des 20. Jahrhunderts, geht von der Rationalität der Wirtschaftssubjekte und von vollständiger Konkurrenz auf allen Märkten aus.
>
> **Keynesianismus:** Ab 1936 (Keynes, ›Allgemeine Theorie der Beschäftigung, des Zinses und des Geldes‹), die Wirtschaft ist prinzipiell instabil und besitzt keine Tendenz zum Vollbeschäftigungsgleichgewicht, ein antizyklisches Gegenlenken des Staates ist erforderlich.
>
> **Neoliberalismus:** Ab Mitte des 20. Jahrhunderts, basiert auf dem klassischen (Laissez-faire) Liberalismus und der neoklassischen Theorie, sieht staatliche Einflüsse auf das Wirtschaftsgeschehen als notwendig, will sie aber minimieren.
>
> **Monetarismus:** Ab 1956 (Milton Friedman, ›The Quantity Theory of Money: A Restatement‹), sieht die Regulierung der Geldmenge als entscheidend für die gesamtwirtschaftliche Entwicklung, vertraut auf die Selbstheilungskräfte des Marktes.

»schwarzen Donnerstag« geprägt, dem folgenreichsten Börsencrash der Geschichte am 24. Oktober 1929. Gegen Ende des Zweiten Weltkriegs war Keynes englischer Verhandlungsführer auf der Konferenz zur Reform des Weltwährungssystems in Bretton Woods. Er brachte einen eigenen Plan auf den Tisch, konnte sich aber nicht gegen die Amerikaner durchsetzen, die eine Vormachtstellung des Dollars und eine zentrale Rolle für Goldreserven wollten.

Der Keynes-Plan sah eine internationale Verrechnungseinheit namens Bancor vor, eine Idee, die die Europäische Gemeinschaft

1975 mit der Einführung des ECU wieder aufgriff. Keynes befürwortete vehement die Intervention des Staates in das Wirtschaftsgeschehen, um durch Gegenmaßnahmen die Auswirkungen von Rezessionen wie auch von Booms abzuschwächen. Allerdings war Keynes der Ansicht, dass schuldenfinanzierte Ausgaben höchstens in Krisenzeiten sinnvoll sind. Seine Neigung zu Interventionismus ging so weit, dass er in den dreißiger Jahren eine gewisse Sympathie für den italienischen Faschismus hegte.

Auch heute noch sind die Ideen von Keynes aktuell: Um die Arbeitslosigkeit zu bekämpfen, wird oft vorgeschlagen, die Löhne zu senken, denn dann würden Firmen mehr Menschen für Aufgaben einstellen, die sich bei hohen Personalkosten nicht lohnen. Keynes dagegen argumentierte, dass die Lohnkosten in einer Volkswirtschaft nur das Preisniveau beeinflussen. Lohnsenkungen bewirken die Abnahme der Kaufkraft der Konsumenten und verringern so die Nachfrage. Dadurch sinkt die Auslastung der Industrie: Deren Kapazitäten müssen abgebaut werden, was wiederum Entlassungen und weitere Lohnsenkungen bedeutet.

Keynes: »Es gibt keinen Grund zu glauben, dass eine flexible Lohnpolitik in der Lage ist, dauerhaft einen Zustand der Vollbeschäftigung zu erhalten.« Das Rezept von Keynes war, dass der Staat in fetten Jahren Rücklagen bildet, die er dann in mageren Zeiten zur Belebung der Konjunktur ausgibt.

Mao Zedong (1893–1976)

30 lange Jahre bestimmte der Diktator die Geschicke Chinas und damit über mehr als eines Fünftels der Weltbevölkerung. Niemand war demnach so mächtig wie Mao Zedong, Mitbegründer der Volksrepublik und Führer der Kommunistischen Partei. Lange Zeit galt Mao als unkompromittierbarer Revolutionär und Held des an-

tiimperialistischen Befreiungskampfes, Anführer der permanenten Revolution. Im Westen protestierten Hunderttausende unter dem Banner Maos gegen den Vietnam-Krieg, der Künstler Andy Warhol stilisierte ihn zur Pop-Ikone. Doch in den letzten Jahren hat sich ein neues Mao-Bild herausgeschält: das eines brutalen und machtbesessenen Diktators, der – durch Kulturrevolutionen und selbst erzeugte Hungersnöte – schätzungsweise 70 Millionen Menschen auf dem Gewissen hat, mehr als die Schreckensherrscher Hitler und Stalin zusammen.

Mao wurde 1893 als ältester Sohn eines wohlhabenden Bauern in der zentralchinesischen Provinz Hunan geboren. Intelligent aber eigensinnig, flog er von mehreren Schulen. China war damals im Umbruch vom Kaiserreich zur Republik, die 1912 ausgerufen wurde. Mao schloss sich für kurze Zeit der republikanischen Armee an, 1918 machte er ein Diplom als Volksschullehrer und ging nach Peking, wo er marxistische Kreise kennen lernte. 1921 war er Mitglied beim Gründungskongress der Kommunistischen Partei Chinas, bald darauf gehört er dem Zentralkomitee an.

Zu dieser Zeit versank China im Chaos: Kommunisten, rebellierende Bauern und die Soldaten der Nationalen Volkspartei unter General Chiang Kai-shek lieferten sich brutale Kämpfe. Als es zu einer Auseinandersetzung um die Parteilinie kam, floh Mao mit Anhängern in ein Hochtal in Zentralchina, wo er eine Rebellenrepublik errichtete. Als die Kuomintang-Truppen 1934 angriffen, beschlossen Mao und die anderen Kommunistenführer den »Langen Marsch« nach Nordchina. Was später zur Gründungslegende der chinesischen Revolution werden sollte, war wohl eher der panische Rückzug über 12 000 Kilometer, den nur wenige der ausgemergelten Kämpfer überlebten.

Im abgelegenen Yan'an konnte die Partei sich erholen und Mao seine Macht ausbauen, während im Land von 1937 bis 1945 der Chinesisch-Japanische Krieg tobte. Nach der Kapitulation Japans flammte der Bürgerkrieg erneut auf: Mao versprach den Bauern Land und gewann so ihre Unterstützung. Chiang Kai-shek musste nach Taiwan fliehen, Mao zog am 25. März 1949 als Sieger in Peking ein. Ein halbes Jahr später rief er die Volksrepublik China aus.

Maos Ruhm gründete auch auf der Teilnahme am Koreakrieg. Mit zwei Millionen Soldaten unterstützte er 1951 den nordkoreanischen Diktator Kim Il Sung und rettete ihn vor einer Niederlage durch die US-Armee. Er schaffte dies mit der zweifelhaften Methode der »Menschenwelle«, bei der seine Truppen gegen die gegnerische Infanterie losstürmten, bis dieser die Munition ausging. Die Verluste waren enorm, doch Mao stand als antiimperialistischer Held da. Außenpolitisch suchte er zunächst das Bündnis mit der Sowjetunion, mit der er allerdings in den sechziger Jahren brach, weil er sich dem Führungsanspruch Moskaus nicht unterordnen wollte.

Noch mehr Menschen ließen ihr Leben bei den zahlreichen Revolutionen, die der »Große Vorsitzende« im eigenen Land auslöste. Bei der Landreform wurden diejenigen Bauern umgebracht, die mehr besaßen als andere. Während er 1957 mit der Rede »Lasst hundert Blumen blühen« zu mehr Meinungsfreiheit aufrief, wurden kurz darauf Hunderttausende Intellektuelle eingesperrt und ermordet. Der »Große Sprung nach vorne« sollte China die sozia-

---

Mao-Bibel

Das kleine rote Buch, eigentlich ›Die Worte des Vorsitzenden Mao‹, wird seit 1966 von der chinesischen Regierung herausgegeben. Ungefähr eine Milliarde Exemplare dieser »Mao-Bibeln« sind bisher erschienen. Vor allem in der Zeit der Kulturrevolution (1966 bis 1976) gehörte es zur Pflicht eines chinesischen Bürgers, das Büchlein jederzeit vorweisen zu können. Es ist in 33 Abschnitte gegliedert, die jeweils bis zu 25 kurze Zitate Maos zur Kommunistischen Partei oder Kriegsführung, zu revolutionärer Erziehung, Disziplin, Selbstkritik oder Kultur enthalten. Während der westlichen Studentenbewegung von 1968 war die Mao-Bibel sehr populär, obwohl die Texte darin kaum als Argumentationshilfe für revolutionäre Taten zu gebrauchen waren.

28 *Persönlichkeiten*

Mao Zedong in den 30er Jahren.

listische Epoche überspringen lassen und gleich in den Kommunismus führen, dabei wollte Mao binnen 15 Jahren den wirtschaftlichen Rückstand gegenüber dem Westen aufholen. Er ließ Getreide exportieren, um Devisen zu erhalten.

Das Ergebnis waren katastrophale Hungersnöte, die mindestens 30 Millionen Menschen das Leben kosteten. Andere fielen Terrormaßnahmen zum Opfer. Als sich abzeichnete, dass der »Große Sprung« scheitern würde, trat Mao vom Amt des Staatspräsidenten zurück und regierte fortan als Parteivorsitzender im Hintergrund. Nach einer kurzen Zeit der Liberalisierung ordnete Mao aus Angst vor kapitalistischen Tendenzen und parteiinternen Gegnern wie Deng Xiaoping 1966 die »Kulturrevolution« an: Die Partei wurde »gesäubert«, Lehrer und Intellektuelle aufs Land geschickt oder ermordet. Es kam zu Unruhen in der Provinz, welche die Armee blutig niederschlug. Es folgte eine Indoktrinationskampagne ohne gleichen.

Schon von den sechziger Jahren an trat Mao selten in der Öffentlichkeit auf, was zu seinem Bild als weiser, den Massen entrückter Halbgott beitrug. Die massenhafte Verbreitung seiner Zitate in Form eines kleinen roten Buches, der »Mao-Bibel«, steigerte noch seinen Ruhm. Zu seinem Ansehen vor allem unter der armen Landbevölkerung trug überdies sein Ruf als bescheiden lebender Mann bei. 1971 erkrankte Mao an einer Lungenentzündung, von der er sich nicht mehr richtig erholen sollte. Zwar leitete er noch die Öffnung nach Westen ein, Richard Nixon kam 1972 als erster Präsident der USA nach China. Mao schien die Zügel noch in der Hand zu halten, doch er trat nicht mehr öffentlich in Erscheinung. Am 9. September 1976 starb er.

Viele Chinesen reagierten erschüttert und trauerten um ihren »Großen Vorsitzenden«, was wohl nicht nur an jahrzehntelanger Indoktrination und Einschüchterung lag. Viele sahen in ihm tatsächlich den Mann, der China nach einem Jahrhundert Fremdherrschaft seinen Nationalstolz zurückgegeben und zu einer Weltmacht gemacht hatte. Die Toten, die er auf dem Gewissen hat, werden auch heute noch häufig den niederen Parteibeamten angelastet.

Ludwig Erhard (1897–1977)

Wenn Korpulenz für Wohlstand steht, dann musste Ludwig Erhard den Deutschen wie die Verheißung für eine bessere Zeit vorgekommen sein. Der füllige Mann mit der Zigarre in der Hand ist zum Symbol des deutschen Wirtschaftswunders nach dem Zweiten Weltkrieg geworden. Dabei mochte Ludwig Erhard das Wort »Wunder« gar nicht: Er glaube nicht an Wunder, sagte der Öko-

Ludwig Erhard mit seinem programmatischen Buch ›Wohlstand für Alle‹.

nom, der Aufschwung sei die Folge äußerer Umstände und einer richtigen Wirtschaftspolitik. Und richtig war für Erhard gleichbedeutend mit dem freien Markt. »Je freier die Wirtschaft, umso sozialer ist sie«, hat er gesagt. Heute, da der Sozialstaat an seine Grenzen gelangt ist, ist das Zitat wieder aktuell.

Ludwig Erhard wurde 1897 als Sohn eines Kurzwarenhändlers in Fürth bei Nürnberg geboren. Nach einer kaufmännischen Lehre und dem Einsatz im Ersten Weltkrieg studierte er an der Nürnberger Handelshochschule, später Betriebswirtschaft und Soziologie in Frankfurt, wo er auch promovierte. 1925 übernahm er den väterlichen Betrieb, der wenige Jahre später während der Weltwirtschaftskrise wie viele andere Unternehmen Pleite ging. Erhard wurde Assistent an einem Wirtschaftsforschungsinstitut; von 1942 bis Kriegsende leitete er das von ihm gegründete Institut für Industrieforschung, finanziert von der Reichsgruppe Industrie, dem damaligen Verband der deutschen Industrie.

Dort legte er mit der Denkschrift ›Kriegsfinanzierung und Schuldenkonsolidierung‹ den Grundstein für seine spätere Karriere. Er ging offen von einer Niederlage Deutschlands aus und stellte Überlegungen an, wie die Wirtschaft wieder aufgebaut werden konnte. Die Schrift beeindruckte die Amerikaner, und sie stellten Erhard bei Kriegsende als Berater ein. Schon im Oktober 1945 wurde er bayerischer Wirtschaftsminister, später Leiter einer Kommission, welche die Währungsreform vorbereitete, schließlich Wirtschaftsdirektor der britischen und amerikanischen Zonen.

Anfeindungen erfuhr der parteilose Ökonom von Anfang an: Nach dem verlorenen Krieg und der grassierenden Armut glaubten auch viele Konservative an einen starken, sozialen Staat, zumal etliche US-Wirtschaftsberater den Lehren des Ökonomen John Maynard Keynes anhängten, der Staatseingriffe befürwortete, um die Wirtschaft anzukurbeln.

Das Ahlener Programm der CDU von 1947 übte unverhohlen Kapitalismus-Kritik. Auch die Sozialdemokraten bekämpften Erhards marktwirtschaftliches Programm von Anfang an, für den SPD-Vorsitzenden Kurt Schumacher war es ein »dicker Propaganda-Ballon des Unternehmertums«.

Doch Erhard war zutiefst überzeugt davon, dass nur die Freigabe der noch regulierten Märkte das Wachstum ankurbeln konnte. Unbeliebt machte er sich schließlich sogar bei der amerikanischen Besatzungsmacht, als er eigenmächtig die Bewirtschaftung und Preisbindung von Lebensmitteln aufhob – und das nur wenige Stunden vor dem 20. Juni 1948, dem Tag, an dem die Währungsreform in Kraft trat (wovon übrigens auch Ludwig Erhard erst kurz vorher informiert wurde). Der US-Militärgouverneur Lucius Clay warf Erhard empört vor, Vorschriften der Besatzungsmächte eigenhändig verändert zu haben. Der aber bewahrte Ruhe und entgegnete: »Ich habe sie nicht verändert, ich habe sie abgeschafft.«

Zuerst reagierte der Markt anders, als Erhard erwartet hatte. Milch, Brot und Mehl wurden teurer, und weil die Löhne gleich blieben, waren viele Menschen beunruhigt. Es kam zum Generalstreik, der allerdings nur einen Tag dauerte. Danach wurden die Löhne freigegeben, sie stiegen und die Lebensmittelpreise pendelten sich ein.

Mit der Währungsreform brach auch der Schwarzmarkt zusammen, alle Bürger erhielten 40 Deutsche Mark, die Regale füllten sich wieder. Erhard hatte gewonnen, sein mutiger Schritt gilt – neben dem Marshallplan – als Initialzündung für den Aufschwung. Der Wirtschaftsminister brauchte auch Glück: Als 1950 die Arbeitslosenquote auf 14 Prozent stieg und über seine Ablösung spekuliert wurde, kam ihm der Koreakrieg zu Hilfe: Auf dem Weltmarkt stieg die Nachfrage nach deutschen Waren, innerhalb nur eines Jahres verdoppelten sich die Ausfuhren.

Zwischen 1950 und 1960 wuchs die Wirtschaft jährlich um acht Prozent, weniger als ein Jahrzehnt nach Kriegsende, als Prognosen noch sechs Millionen Arbeitslose vorhergesagt hatten, begann die Bundesrepublik zu überlegen, Gastarbeiter aus dem Ausland zu rekrutieren.

Erhard, von 1949 bis 1963 Wirtschaftsminister und zeitweilig sogar Vizekanzler unter Konrad Adenauer, blieb trotz des Aufschwungs umstritten. Als überzeugter Marktwirtschaftler musste er so manchen Kampf mit Adenauer ausfechten: Dieser stand der katholischen Soziallehre nahe. Entsetzt war Erhard von den Rentenplänen der Regierung unter dem Schlagwort »Wohlstand für alle«. Er lehnte das Umlagesystem, das die Altersversorgung der Rentner durch die Beiträge der Arbeitnehmer deckt, als nicht zukunftsfähig ab – zumal die Renten von 1959 dynamisch an das Lohnniveau angepasst wurden und dadurch rasch steigen sollten.

Wie Recht Erhard mit seinen Bedenken hatte, belegen heute die Folgen von Geburtenrückgang und Rentenloch. Doch durchsetzen konnte sich der überzeugte Anhänger einer Stabilitätspolitik damals nicht. Auch die zunehmende Macht der Gewerkschaften bewirkte, dass sich die deutsche Volkswirtschaft immer weiter von einer freien Marktwirtschaft entfernte.

Adenauer kam wegen der guten Wirtschaftsdaten an Erhard nicht vorbei und machte ihn 1957 zum Vizekanzler, obwohl er ihn für das Kanzleramt nicht geeignet hielt. Erhard nutzte keine der Chancen, die sich boten, Adenauer vorzeitig zu beerben. Erst als dieser zurücktrat, wurde er Kanzler. In diesem Amt leitete er eher glücklos die Geschicke der Bundesrepublik: Gegner warfen ihm vor, das deutsch-französische Verhältnis nicht ausreichend zu pflegen, und Adenauer intrigierte weiterhin gegen ihn. Trotzdem schaffte Erhard 1965 bei der Bundestagswahl ein Traumergebnis für die Union und ließ sich danach zum Vorsitzenden der CDU wählen. Doch seine Autorität und Macht innerhalb von Partei und Regierung schwanden rasch.

Am 1. Dezember 1966 trat er als Kanzler zurück. Bis zu seinem Tod im Jahr 1977 blieb er CSU-Bundestagsabgeordneter.

Ajatollah Khomeini (1900–1989)

Ein Mann prägte die Nachrichten der ersten Wochen des Jahres 1979 – und sein Bild war in dieser Zeit so oft im Fernsehen zu sehen, dass man es schwer vergisst. Stets mit schwarzem Turban und langem weißen Bart, das Gesicht ernst: Ajatollah Khomeini, der Führer eines neuen Gottesstaates, der die säkulare westliche Welt das Fürchten lehren sollte.

Ruhollah Mussavi Hendi wurde um den 17. Mai 1900 herum in Khomein westlich von Isfahan geboren. Er war das Jüngste von sechs Kindern einer alten, schiitischen Gelehrtenfamilie, schon sein Vater war Ajatollah, ein hoher Geistlicher. 1914 wurde Ruhollah nach Isfahan zum Theologiestudium geschickt, von 1920 an war er Schüler des berühmten Abd al-Karim Hairi Yazdi, dem er später in das Gelehrtenzentrum Ghom folgte. Hier schloss er seine Studien ab und durfte fortan das Gesetz auf Grundlage des Korans und anderer Schriften auslegen. Nach dem Tode Yazdis zählte Hendi, der sich von 1930 an nach seinem Geburtsort Khomeini nannte, bereits zu den gelehrtesten Geistlichen in Ghom.

Früh agitierte er gegen den vorletzten Schah und führte Schriften gegen den »unislamischen Modernismus« des Herrschers an. Anders als seine Vorgänger ging der Schah mit repressiven Methoden gegen die Mullahs, die Geistlichen, vor. Als dessen Sohn Mohammad Reza 1963 die »Weiße Revolution« ausrief und den Mullahs Land wegnehmen wollte, griff Khomeini den Schah in einer Predigt an und wurde verhaftet. Die darauf folgenden Unruhen verliefen blutig: 9000 Menschen starben in Teheran, Khomeini wurde

Ajatollah Khomeini, 1984.

> **Hierarchie der schiitischen Glaubensgelehrten**
>
> Oberste Religionsführer sind die Groß-Ajatollahs wie Khomeini oder Hussein Montazeri. Sie müssen sich durch jahrzehntelange theologische Studien und Rechtsprechung ausgewiesen haben. Eine Stufe niedriger in der Hierarchie stehen die Ayatollahs. Darunter folgen die Mullahs, die allgemein islamische Lehrer, Prediger oder Geistliche bezeichnen. Zuweilen wird der Titel auch als ehrenvoller Namenszusatz für einen Adeligen verwendet.

1964 in die Türkei abgeschoben. 1965 ließ er sich im schiitischen Wallfahrtsort Nadschaf im Irak nieder.

Khomeini nutzte das Exil geschickt, um die diversen Gegner des Schahs zu sammeln und revolutionäre Kader auszubilden. Noch 1978 war der Schah so mächtig, dass er den Irak zwingen konnte, Khomeini auszuweisen. Der ließ sich in Neauphle-le-Chateau westlich von Paris nieder, von dort aus agitierte er weiter, schickte Botschaften auf Kassetten an zehntausende Mullahs, die sie in Moscheen abspielten.

Inzwischen hatte der Schah das Kriegsrecht verhängt, doch die Unterstützung für ihn schwand. Die Militärs schafften es nicht, für Ruhe zu sorgen, und Streiks schadeten der Wirtschaft des Landes, Ausländer verließen das Land. Auf Drängen der USA setzten sich nun auch Reza Pahlevi und seine Familie Mitte Januar 1979 ins Ausland ab. Am 1. Februar kehrte Khomeini unter Triumph nach Teheran zurück. Nachdem die Iraner sich in einer Volksabstimmung mehrheitlich für eine Republik aussprachen, rief Khomeini am 2. April die Islamische Republik Iran aus.

Schrecken machte sich breit, als iranische Studenten die amerikanische Botschaft in Teheran stürmten und Mitarbeiter in Geiselhaft nahmen, um zu erreichen, dass der Ex-Schah an Iran ausgeliefert wird – eine Tat, die Khomeini als »revolutionär« lobte. Boykottmaßnahmen der USA und der Europäischen Gemeinschaft brachten keine Lösung, ebenso wenig der Tod des Schahs, der im Juli im ägyptischen Exil in Kairo starb. Erst im Januar 1981, nach algerischer Vermittlung, kamen die Geiseln frei. Die islamisch-republikanische Partei, in der die Geistlichen den Ton angeben, wurde immer mächtiger, radikale Kräfte stürzten den gemäßigten Staatspräsidenten Banisadr.

Die ohnehin stagnierende Wirtschaft wurde durch den Golfkrieg, den der Irak 1980 anzettelte, noch mehr geschwächt. Iran schickte in großer Zahl junge, freiwillige Kämpfer als »Menschenwellen« gegen die irakischen Truppen – die Verluste waren enorm. Keine der beiden Seiten war bereit aufzugeben, der Irak setzte Giftgas gegen Iraner, aber auch gegen die eigene Bevölkerung ein. Erst 1988 vereinbarten die Kriegsgegner einen Waffenstillstand, die Zahl der Toten auf beiden Seiten wird auf eine Million geschätzt.

Khomeini gab weiterhin aggressive Parolen gegen den Westen und gegen Regimegegner im eigenen Land aus: Im Februar 1989 rief er in einer Fatwa gegen Salman Rushdie alle Moslems dazu auf, den Autor der ›Satanischen Verse‹ zu töten – Khomeini erklärte den Text für Gotteslästerung. Auch die Verfolgungs- und Hinrichtungswelle von Regimegegnern lassen Khomeini nicht gerade im freundlichen Licht erscheinen. Oppositionelle wurden beseitigt – wie der gewählte geistige Nachfolger von Khomeini, Ajatollah Montazeri. Er wagte es, die bisherigen Leistungen der islamischen Republik zu kritisieren, musste sofort zurücktreten und wurde 1997 für fünf Jahre unter Hausarrest gestellt.

Als Khomeini im Juni 1989 in Teheran an Krebs starb, trauerten die Massen. Auf dem Weg zum Märtyrerfriedhof wurde der Sarg zu Boden gerissen, zehntausend Anhänger wurden verletzt. Khomeini ist tot, doch die Zukunft der islamistischen Staaten hat erst richtig begonnen.

Erich Honecker (1912–1994)

Die rechte Hand zur Faust geballt, auf dem Gesicht ein selbstzufriedenes Lächeln – so erinnern sich wohl viele an Erich Honecker, wie er Militärparaden abnahm. 15 Jahre lang verkörperte der gebürtige Saarländer die DDR. Wenn er die Freiheitsschraube ein wenig lockerte, schöpften Millionen Hoffnung, verordnete er Repressalien, dann machte sich wieder Mutlosigkeit breit. Er öffnete die Deutsche Demokratische Republik und verschaffte ihr internationales Ansehen, war zugleich aber auch verantwortlich für Ausgrenzung und Unterdrückung.

Erich Honecker war zeit seines Lebens ein überzeugter Kommunist. 1912 in Neunkirchen an der Saar geboren, trat er schon als Jugendlicher dem Spartakus-Bund bei. Eine Dachdeckerlehre brach er ab, die Politik interessierte ihn mehr, und mit 18 Jahren wurde er Mitglied der Kommunistischen Partei Deutschlands, der KPD. Kurz darauf besuchte er die Lenin-Schule in Moskau, eine Kaderschmiede. 1935 verhaftete ihn die Gestapo, bis Kriegsende saß er im Zuchthaus Brandenburg.

Nach dem Krieg gründete Honecker die Freie Deutsche Jugend FDJ, deren Vorsitzender er bis 1955 blieb. Seine Karriere war steil: 1946 Mitglied der Sozialistischen Einheitspartei Deutschlands (SED), 1950 im Zentralkomitee, 1958 Mitglied des Politbüros, und seitdem langjähriger ZK-Sekretär für Sicherheitsfragen – als der er maßgeblich den Bau der Berliner Mauer 1961 im Geheimen vorbereitete und leitete. Mit Rückendeckung von Leonid Breschnew, damals Generalsekretär der Kommunistischen Partei der Sowjetunion, drängte er 1971 Walter Ulbricht aus dem Amt und übernahm nach und nach dessen Posten, 1976 wurde er Staatsratsvorsitzender und damit Staatsoberhaupt der DDR.

Außenpolitisch verschaffte Honecker der DDR Ansehen: Sie wurde 1973 Mitglied der Vereinten Nationen und unterzeichnete die Helsinki-Schlussakte von 1975, die Menschenrechte garantie-

> Die DDR war eine sozialistische Volksrepublik, die nach den Prinzipien des von Lenin entworfenen demokratischen Zentralismus (Staat und Partei sind hierarchisch-zentralistisch aufgebaut) funktionierte. Oberstes Organ war die gewählte Volkskammer. Diese bestimmte den Staatsrat als kollektives Staatsoberhaupt und den Ministerrat als Regierung der DDR. Die Macht lag aber, wie auch in anderen sozialistischen Staaten, nicht bei der Volkskammer, sondern bei der Staatspartei, der Sozialistischen Einheitspartei Deutschlands (SED). Das eigentliche Machtzentrum waren somit weniger Ministerrat und Staatsrat, sondern vielmehr Politbüro und Sekretariat des Zentralkomitees der SED.

ren sollte. Zur Außenpolitik gehörte auch die Förderung des Hochleistungssports mit allen Mitteln (auch chemischen, wie sich nach dem Mauerfall herausstellte), was die DDR zu einer Nation der Spitzensportler machte. Die Kontakte zwischen Ostberlin (offiziell: »Berlin, Hauptstadt der DDR«) und Bonn nahmen zu, und Honecker kam mit seinem westdeutschen Gegenpart Helmut Schmidt, später mit Helmut Kohl, zusammen. Höhepunkt im Kampf der DDR um internationale Anerkennung war Honeckers Staatsbesuch 1987 in Bonn – die sozialistische Führung schien damals fest im Sattel zu sitzen.

Das sollte sich aber bald als Trugschluss erweisen: Zunächst war die Stimmung in der Bevölkerung wegen Honeckers Sozialpolitik – gute Kinderbetreuung und Krankenversorgung – nicht schlecht. Doch spätestens seit dem Milliardenkredit von 1982, den der bayerische Ministerpräsident Franz Josef Strauß eingefädelt hatte, war es ein offenes Geheimnis, dass die DDR am Tropf der Bundesrepublik hing.

Längst hatte die DDR wirtschaftliche Schwierigkeiten. Nur die Pauschalen für den Transitverkehr, der Zwangsumtausch, der innerdeutsche Handel, später auch der Freikauf zahlreicher politischer Häftlinge verschafften der DDR ausreichend Devisen, um nicht Bankrott zu gehen. Es fehlte Geld, um Häuser zu renovieren. Ganze Straßenzüge verfielen, Industrieanlagen verrotteten und die

Erich Honecker **39**

Erich Honecker kurz vor seiner Entmachtung im Herbst 1989.

Umweltverschmutzung, die im Westen erfolgreich bekämpft wurde, nahm zu. 1989 summierten sich allein die Auslandsschulden auf 50 Milliarden Mark.

Zugleich erregten die Privilegien der Funktionäre den Ärger der Bevölkerung: Honecker und seine SED-Kollegen wohnten im Nobelvorort Wandlitz, Parteikader hatten ausreichend Devisen und reisten ins Ausland. Die liberale Stimmung der 70er Jahre währte nur kurz – 1976 wurde der Liedermacher Wolf Biermann ausgebürgert und der Naturwissenschaftler Robert Havemann unter Hausarrest gestellt. Honeckers Vertrauter Erich Mielke perfektionierte als Chef der Staatssicherheit die Bespitzelung der Bürger, die Zahl der »inoffiziellen Mitarbeiter« (IM) stieg stark an. Allein die Kirchen genossen ein wenig Freiraum.

Die Kirchen, allen voran die Leipziger Nicolaikirche, waren es dann auch, die dem wachsenden Protest einen Raum boten. Zunächst schürte Gorbatschows Perestroika von 1986 an die Hoffnung, dass sich auch die DDR zum Westen öffnen würde. Doch als der KPdSU-Generalsekretär Honecker zu innenpolitischen Reformen drängte (Gorbatschow beim 40. Jahrestag der DDR am 6. Oktober 1989: »Wer zu spät kommt, den bestraft das Leben«), blockte dieser wieder ab – aus Angst, sein Lebenswerk und das der SED-Führung könne Schaden nehmen.

Dabei hatten viele DDR-Bürger längst Konsequenzen aus der starren Haltung ihres Staatsratsvorsitzenden gezogen: Sie setzten sich zu Tausenden nach Ungarn ab und gelangten über die grüne Grenze nach Österreich oder flohen auf das Gelände der Botschaften von Prag und Warschau. Doch auch die im Land Verbliebenen machten nun ihrem Unmut Luft. Besonders wirkungsvoll war der Protest der Montagsdemonstrationen in Leipzig, an denen mehrere hunderttausend Menschen teilnahmen und den Slogan »Wir sind das Volk« skandierten.

Das Volk stärkte die innerparteiliche Opposition gegen Honecker, der am 18. Oktober von seinen zahlreichen Ämtern zurücktreten musste. Sein Schicksal endete ironischerweise so, wie das zahlreicher DDR-Bürger – mit Flucht. Nach einem Haftbefehl (die Vorwürfe lauteten auf Machtmissbrauch, Korruption, persönliche Bereicherung und wurden später wegen der Schussanlagen an der Grenze auf Beihilfe zum Mord ausgeweitet) setzten Erich und seine wenig beliebte Frau Margot sich in ein sowjetisches Krankenhaus in Beelitz ab, von dort wurden sie nach Moskau gebracht. Doch Gorbatschow wollte Honecker kein Asyl gewähren, weshalb das Ehepaar in die chilenische Botschaft floh. Nach einem zweiten Haftbefehl wurde Honecker im Juli 1992 an Deutschland ausgeliefert, das Verfahren jedoch 1993 wegen seines schlechten Gesundheitszustands eingestellt. Honecker flog nach Santiago de Chile, wo seine Tochter Sonja lebte. Am 29. Mai 1994 starb er dort an Leberkrebs.

Willy Brandt (1913–1992)

Es dauerte ungefähr zwei Sekunden, bis das Blitzgewitter losbrach. Der Mann fiel auf die Knie, jedoch nicht in einer Kirche, sondern vor dem Ehrenmal des Jüdischen Ghettos, das an den Aufstand von 1943 erinnert. Willy Brandt, der deutsche Bundeskanzler, hatte mit dem Warschauer Kniefall symbolisch um Vergebung für die Verbrechen Deutschlands gebeten – und die Welt empfand großen Respekt vor der Demutsgeste. Brandts Kniefall von 1970 leitete symbolisch die Entspannungspolitik ein und führte letztlich zu den Ostverträgen, die eine neue nachbarschaftliche Beziehung mit den Ländern des Sowjetblocks bedeuteten.

Adenauers Westbindung hatte zwar die Sicherheit der Bundesrepublik garantiert, sie setzte aber der Öffnung zum Osten enge Grenzen. Zugleich zeigten sich auch Sowjetunion und DDR kompromisslos – sie pochten stets darauf, dass die Bundesrepublik ihren Alleinvertretungsanspruch aufgeben müsse. Deshalb gelang unter der Regierung von Ludwig Erhard zunächst auch nur die Öffnung von Handelsvertretungen in osteuropäischen Ländern. Die große Koalition von Union und SPD unter Kurt Georg Kiesinger und Außenminister Willy Brandt tauschte mit der DDR immerhin schon Briefe aus.

Es musste wohl die sozialliberale Koalition kommen, um die Öffnung zum Osten zu forcieren. Nach der Bundestagswahl von 1969 bildete Brandt – gegen den Willen von Teilen seiner Partei, die lieber das Bündnis mit der Union fortgesetzt hätten – eine Koalition mit der FDP.

Wie kein anderer stand Willy Brandt, geboren als Herbert Ernst Karl Frahm 1913 in Lübeck, für den Aufbruch. Er war Mitglied der Sozialistischen Arbeiterpartei, Flüchtling, Widerstandskämpfer gegen die Nazis – für viele Deutsche allerdings auch ein »Vaterlandsverräter«, weil er 1933 nach Norwegen emigrierte. Zeitweilig kämpfte er im spanischen Bürgerkrieg, 1940 floh er nach dem deutschen Einmarsch und einer kurzen Festnahme nach Schweden. Unter seinem alten Decknamen Willy Brandt kehrte er als Korrespondent skandinavischer Zeitungen 1945 ins Nachkriegsdeutschland zurück.

Brandts politische Karriere begann 1949 als Berliner SPD-Abgeordneter für den Bundestag, 1955 wurde er Präsident des Berliner Abgeordnetenhauses, zwei Jahre später Regierender Bürgermeister. Weil er sich während der Berlinkrise von 1958 und des Mauerbaus 1961 entschlossen zeigte, wurde Brandt rasch populär, was ihm auch Wahlerfolge auf Bundesebene bescherte: 1964 wurde er SPD-Vorsitzender, er sollte es 23 Jahre bleiben.

Brandts »neue Ostpolitik«, die er als Kanzler von 1969 an zusammen mit seinem FDP-Außenminister Walter Scheel vorantrieb – und die tatsächlich die Wegbereitung für den Zusammenbruch der kommunistischen Regierungen in Osteuropa bedeutete – war umstritten. Gegner warfen ihm vor, dass er unnötigerweise das DDR-Regime hofiert und für deren Anerkennung gesorgt habe. Fest steht aber, dass die Öffnung auch den DDR-Bürgern neue, kleine Freiheiten verschaffte, die möglicherweise den Wunsch nach mehr Freiheit verstärkten.

Die neue bundesdeutsche Ost- und DDR-Politik fußte auf der Formel »Wandel durch Annäherung«, die der spätere Staatssekretär und Chef-Unterhändler der Ostverträge, Egon Bahr, erfunden hatte. Anders ausgedrückt: Man erkannte die Gegebenheiten an, um sie zu überwinden. Der als Erster im August 1970 unterzeichnete Moskauer Vertrag hatte – mit Gewaltverzicht und der Anerkennung der Grenzen, auch der bis dahin umstrittenen Oder-Neiße-Linie – Modellcharakter für alle anderen. Die Bundesrepublik akzeptiert dabei die Unabhängigkeit und Selbstständigkeit der DDR, nicht jedoch deren Forderung nach völkerrechtlicher Anerkennung. Für seine Öffnung nach Osten erhielt Brandt im Jahr 1971 den Friedensnobelpreis.

»Mehr Demokratie wagen« – unter diesem Motto war die SPD 1969 angetreten, um auch in Deutschland gesellschaftliche Refor-

> **Unterschiedliche Auffassungen zur Nation im Jahr 1970**
>
> Willy Brandt: »Nation umfasst und bedeutet mehr als gemeinsame Sprache und Kultur, als Staat und Gesellschaftsordnung. Die Nation gründet sich auf das fortdauernde Zusammengehörigkeitsgefühl der Menschen eines Volkes.«
>
> Walter Ulbricht: »Das ist die historische Realität: Die DDR ist ein sozialistischer deutscher Nationalstaat, die westdeutsche Bundesrepublik ist ein kapitalistischer NATO-Staat.«

men zu beginnen. Mitte der sechziger Jahre hatte die Debatte um die mangelnde Chancengleichheit an den Schulen und fehlende Akademiker begonnen. Die Studentenunruhen, ausgelöst durch das Unbehagen der jüngeren Generation über ihre vermeintlich konservativen und spießigen Eltern sowie durch Rassenunruhen in den USA und den Vietnamkrieg, gipfelten 1968 im Attentat auf den Studentenführer Rudi Dutschke sowie in der Debatte um die Notstandsgesetze, die Vorkehrungen für den Fall von Katastrophen, Krieg oder inneren Unruhen treffen.

Mit dem Bundesausbildungsförderungsgesetz (Bafög) sollten Schüler und Studenten aus ärmeren Familien eine weiterführende Schule oder Universität besuchen können. Sozial-liberale Bundesländer gründeten Gesamtschulen, deren Bilanz heute allerdings kritisch beurteilt wird, weil weder die Leistungen noch die Förderung der schwachen Schüler besonders überzeugend sind. Arbeitnehmer erhielten mehr Mitbestimmungsrechte in den Betrieben, das Rentenreformgesetz verbesserte die Lebensbedingungen vieler älterer Frauen, Krankenversicherung und Kindergeld wurden erhöht, das Ehe- und Familienrecht förderte die Gleichberechtigung, und der heftig umstrittene § 218 erlaubte unter bestimmten Bedingungen die Abtreibung.

Doch die Reformen kosteten viel Geld. Die Ölkrise führte zur Wirtschaftskrise, die Haushaltsprobleme verschärften sich. Zwi-

Geste mit Weltwirkung: Willy Brandts Kniefall im ehemaligen Warschauer Ghetto am 7. Dezember 1970.

schenzeitlich hatten etliche SPD- und FDP-Abgeordnete das Lager gewechselt, so dass die Union über eine Mehrheit verfügte. Das vom CDU/CSU-Fraktionsvorsitzenden Rainer Barzel initiierte Misstrauensvotum scheiterte allerdings, weil, wie sich später herausstellte, zwei Unionsabgeordnete von der DDR bestochen wurden. Mit einer Vertrauensfrage erzwang Brandt Neuwahlen, die seine Regierung eindeutig bestätigten. Doch Brandt war inzwischen amtsmüde. In seiner Partei machte sich unter der Führung des Fraktionsvorsitzenden Herbert Wehner auch Kritik wegen seines unentschlossenen Führungsstils und seines privaten Lebenswandels (Zitat Wehner: »Der Bundeskanzler badet gerne lau«) breit. Brandt trat am 6. Mai 1974 als Kanzler zurück, nachdem sein persönlicher Referent Günter Guillaume als DDR-Spion enttarnt worden war.

Als Präsident der Sozialistischen Internationale und Leiter der Nord-Süd-Kommission der Weltbank blieb Brandt dennoch in der Politik aktiv. 1987 trat er vom SPD-Vorsitz zurück, weil die Partei seine designierte Sprecherin Margarita Mathiopoulos nicht akzeptieren wollte. Bis zu seinem Tod am 8. Oktober 1992 blieb er SPD-Ehrenvorsitzender und Bundestagsabgeordneter.

Nelson Mandela (*1918)

Als der hochgewachsene Mann am 11. Februar 1990 das Hochsicherheitsgefängnis Polsmoor nahe Kapstadt verließ, schaute die ganze Welt zu: Nelson Mandela, südafrikanischer Kämpfer gegen die Rassentrennung, kam nach 25 Jahren Haft frei. Seine ersten Schritte waren mehr als die wiedererlangte Freiheit eines einzelnen Rebellen, sie waren Symbol für das Ende der Apartheid. Der damals wohl berühmteste Gefangene der Welt war zum Mythos des schwarzen Südafrikas geworden, zum Martin Luther King des Kontinents.

Rohlilahla Dalibhunga Mandela wurde am 18. Juli 1918 in Mvezo in der Transkei geboren, seinen britischen Namen Nelson erhielt er erst auf der Grundschule. Sein Vater war Tembu-Häuptling, Nelson besuchte verschiedene Missionsschulen. Mit 21 Jahren schrieb er sich am renommierten College von Fort-Hare ein, wo er mit vielen seiner späteren politischen Weggefährten studierte. Weil sein Vormund an der Hochschule ihn nach damaliger Sitte zwangsverheiraten wollte, floh er nach Johannesburg. Mithilfe eines Verwandten fand Mandela dort eine Stelle als Anwaltsgehilfe und nahm ein juristisches Fernstudium auf. 1952 eröffnete er das erste farbige Rechtsanwaltsbüro in Johannesburg.

Schon 1944 war Mandela dem Afrikanischen Nationalkongress ANC beigetreten, der gegen die politische, soziale und wirtschaftliche Unterdrückung der Schwarzen kämpfte. Unzufrieden mit dessen gemäßigter Ausrichtung gründete er mit anderen eine ANC-Jugendorganisation. 1952 wurde Mandela Vizepräsident des ANC, in dieser Zeit begannen auch Massenproteste und Kampagnen des zivilen Ungehorsams gegen die 1948 beschlossene Apartheid.

Nachdem 1960 in Sharpeville unbewaffnete Demonstranten erschossen und danach der ANC sowie andere Anti-Apartheid-Gruppen verboten wurden, beschloss Mandela, dass der Kampf gegen die Rassentrennung nicht mehr nur friedlich geführt werden konnte. Er gründete den militanten ANC-Flügel »Speer der Nation«; als dessen Anführer wurde er 1962 wegen heimlicher Auslandsreisen und Streikaufrufen zu fünf Jahren Gefängnis verurteilt. 1964 wurde er erneut vor Gericht gestellt, diesmal lautete die Strafe lebenslänglich.

Bis 1981 verbüßte er seine Strafe auf der berüchtigten Felseninsel »Robben Island« vor Kapstadt, danach kam er nach Polsmoor. Als Staatspräsident Pieter Willem Botha ihm auf internationalen Druck hin 1985 die Freilassung anbot – als Gegenleistung verlangte Botha allerdings den öffentlichen Gewaltverzicht des ANC –, lehnte Mandela ab.

Bothas Nachfolger Frederik Willem de Klerk trat 1989 sein Amt mit dem Versprechen an, sich für die Rassenaussöhnung einzusetzen. Es begannen Gespräche mit Mandela, der 1990 aus der Haft entlassen wurde. 1993 erhielten de Klerk und Mandela gemeinsam den Friedensnobelpreis.

Nelson Mandela wurde rasch erneut zum Führer der Anti-Apartheid-Bewegung und Vorsitzender des ANC, der seit 1990 wieder erlaubt ist. Seit dieser Zeit wurden alle wesentlichen Gesetze der Rassentrennung aufgehoben. Allerdings belastete zunächst der Bürgerkrieg zwischen der Inkatha-Bewegung der Zulus, die heimlich von weißen Politikern unterstützt werden, und den ANC-nahen Xhosas die Gespräche zwischen Regierung und ANC. Erst im September 1991 schlossen die verfeindeten Volksgruppen Frieden.

Frederik Willem de Klerk und Nelson Mandela.

Die Diskussionen um eine neue Verfassung für Südafrika wurden von anhaltenden Rivalitäten um die Führerschaft der Zulus überschattet. Nelson Mandela musste später eingestehen, während der Märzunruhen von 1994 selbst den Befehl gegeben zu haben, auf Inkatha-Anhänger zu schießen.

Ende April 1994 durften die Schwarzen zum ersten Mal über ein Parlament abstimmen. Der ANC errang über 60 Prozent der Stimmen; am 9. Mai wurde Nelson Mandela von der neuen Nationalversammlung zum ersten schwarzen Staatspräsidenten Südafrikas gewählt. Der Umbruch gestaltete sich weniger dramatisch, als von den Weißen befürchtet. ANC-Anhänger waren dagegen enttäuscht von der Langsamkeit sozialer Reformen und von der Un-

> **Südafrika**
>
> Südafrika zählt zu den ältesten besiedelten Regionen der Welt, schon vor über drei Millionen Jahren lebten hier Frühmenschen. Im 17. Jahrhundert als niederländische Siedlung gegründet, stritten Holländer und Briten lange Zeit um das Land. Zunächst in mehrere Kolonien aufgeteilt, gründete sich 1910 die unabhängige Südafrikanische Union. Unter dem Einfluss der Nationalisten wurde die Rassentrennung verschärft. 1964 wurde Südafrika eine Republik, doch erst 1990 fanden die ersten allgemeinen freien Wahlen statt. Seit 1996 ist Südafrika eine Präsidialrepublik, Präsident ist derzeit Thabo Mbeki. Das Land zählt etwa 47 Millionen Einwohner.

fähigkeit der Regierung, die wachsende AIDS-Krise in den Griff zu bekommen. Auch einer von Mandelas Söhnen starb an der Immunschwäche.

Im Nachhinein zeigt sich allerdings, dass das besonnene Handeln Mandelas nur zum Vorteil Südafrikas war. Radikale Landreformen mit der Vertreibung weißer Farmer, wie sie einige Nachbarländer Südafrikas später durchsetzten, haben die wirtschaftliche Lage dort verschlechtert. Auch die eher behutsame Vergangenheitsbewältigung trug dazu bei, das Land zu stabilisieren. Eine Kommission für Wahrheitsfindung und Aussöhnung unter dem Kapstädter Erzbischof Desmond Tutu klärte Übergriffe und Menschenrechtsverletzungen der früheren Sicherheitskräfte, aber auch des ANC auf.

Der Abschlussbericht von 1998 kritisierte selbst Mandelas frühere Ehefrau Winnie scharf. Noch als Mandela im Gefängnis saß, war Winnie unangenehm aufgefallen, weil der »Mandela United Football-Club«, dessen Mitglieder ihr als Leibwächter dienten, in Fälle von Entführung, Körperverletzung, Kindesmisshandlung, Vergewaltigung und Mord verwickelt waren. Der ANC und viele Schwarze verweigerten ihr zunehmend die Unterstützung. Zwar ermöglichte Nelsons Freilassung ihr ein kurzes Comeback, wegen der Affäre um den Mord eines Jungen wurde sie allerdings bald verurteilt und musste ihre ANC-Ämter aufgeben. Im April 1992 trennte sich Nelson Mandela von seiner Frau, an seinem 80. Geburtstag heiratete er Graca Mache, die Witwe des ehemaligen Präsidenten Mosambiks. Im Juni 1999 trat Mandela vom Präsidentenamt zurück, seitdem betätigt er sich als Anwalt für Menschenrechtsorganisationen, engagiert sich für Kinder und im Kampf gegen AIDS.

Karl und Theo Albrecht (*1920, *1922)

Können die Geschäftsführer und Eigentümer eines Milliardenunternehmens überflüssig sein? Zumindest bei Aldi (*Al*brecht-*Di*scount) scheint es so zu sein, denn die Brüder Karl und Theo Albrecht – mit einem 2005 geschätzten Vermögen von 15 beziehungsweise 13 Milliarden Euro gehören sie zu den reichsten Männern der Welt – scheinen gar nicht zu existieren. Es gibt von den beiden nur ein veröffentlichtes Bild. Man weiß nicht genau, wo sie wohnen, nicht einmal, wo sie geboren wurden. Bekannt ist nur, dass Karl Orchideen züchtet und Theo Schreibmaschinen sammelt. Wenn ein Milliardär-Playboy wie Howard Hughes eine übertriebene Scheu vor der Öffentlichkeit entwickelt, erscheint das bemitleidenswert. Bei den Brüdern Albrecht dagegen wirkt die Abschottung authentisch und passend zu dem Geschäftskonzept, alles Überflüssige zu vermeiden.

Geboren 1920 und 1922 sind Karl Hans und Theodor Paul Albrecht in bescheidenen Verhältnissen aufgewachsen. Der Vater war Bergmann, bis er wegen einer Staublunge eine Stelle als Aushilfsbäcker annehmen musste. Um die Familie über die Runden zu bringen, eröffnete die Mutter einen Krämerladen. 1946 übernahmen die Brüder das 35 Quadratmeter große Geschäft. Schon 1950 führten sie 13 Filialen, zehn Jahre später waren es 300.

Ihre bescheidenen Wurzeln haben die Albrechts nie geleugnet, sondern konsequent umgesetzt. Sie haben gespart, wo es nur ging.

Das Sortiment wurde zusammengestrichen – heute führen die Aldi-Märkte nur etwa 700 Produkte –, um die Ladenfläche klein und den Betrieb einfach zu halten. Der Innenraum wird einfach gestaltet und die Waren bleiben in den Kartons. Auf teure Werbung oder gar Unternehmensberatung wird grundsätzlich verzichtet.

Ist all das nur altbackene Knauserigkeit? Dagegen spricht, dass das Ersparte weitgehend in Form von niedrigen Preisen an die Kunden weitergereicht wird und dass die Brüder Albrecht – zumindest den Überlieferungen nach – auch selber diese Sparsamkeit leben. Theo macht nicht nur das Licht aus, wenn er ein Zimmer verlässt, sondern auch, wenn er eins betritt – um zu sehen, ob es auch ohne Licht hell genug ist. So gesehen mögen die Brüder in der Öffentlichkeit unsichtbar sein, als Geschäftsführer aber sind sie alles andere als überflüssig: Sie prägen eine Firmenkultur der Schlichtheit und der niedrigen Preise, die das Markenzeichen von Aldi sind.

Die Idee freilich ist nicht neu. Schon Henry Ford hat auf ähnliche Weise sein Vermögen damit verdient. Aldi, wie die Ford Motor Company, bezahlt seine Mitarbeiter überdurchschnittlich gut und verlangt im Gegenzug auch viel von ihnen. Beiden Firmen gemeinsam ist ebenfalls der Versuch, eine gewerkschaftliche Organisation zu vermeiden. Bei Aldi gibt es keinen Gesamtbetriebsrat und in vielen Filialen überhaupt keinen Betriebsrat. Aldi wird auch wegen des enormen Preisdrucks auf seine Lieferanten und teilweise wegen der unökologisch ausgerichteten Produktpalette kritisiert.

Das Konzept des radikalen Sparens und billigen Anbietens im Einzelgeschäft heißt nach dem englischen Wort für Preisnachlass oder Rabatt »Discounting«. Trotz des angelsächsischen Ausdrucks haben die Brüder Albrecht ihr Konzept nicht von Amerika kopiert, sondern selbstständig ausgearbeitet. Der amerikanische Discount-Riese Wal-Mart, das mit 285 Milliarden US-Dollar umsatzstärkste Einzelhandelsunternehmen der Welt, öffnete seine ersten Supermärkte 1987. Hauptkonkurrent von Aldi ist auf dem deutschen Markt der Discounter »Lidl«, der eine ähnliche Strategie fährt, nur mit doppelt so vielen Artikeln, darunter vielen Markenprodukten. Als weitere Konkurrenten in diesem Marktsegment können außerdem noch »Plus« und »Penny« betrachtet werden.

Jassir Arafat (1929–2004)

Der Redner trug Kopftuch und Pistole – solch einen Räuber-Hotzenplotz-Auftritt hatte es am East River in New York noch nicht gegeben. Als Jassir Arafat im November 1974 vor die Vereinten Nationen trat, konnte er seinen Triumph nicht verbergen. Der ehemalige Terrorist hatte es geschafft, dass die Weltgemeinschaft ihn als den Vertreter der Palästinenser legitimierte und den Kampf des Volkes um sein Land endlich ernst nahm. Für die Palästinenser erreichte Arafat bemerkenswerte Erfolge, die er aber ebenso wieder zunichte machte.

Wahrscheinlich wurde Jassir Avd al-Rahman Abd al-Rauf Arafat al-Qudwa al-Husseini im August 1929 in Kairo geboren, wo sein Vater, ein wohlhabender Textilhändler aus Gaza, sich niedergelassen hatte. Nach dem Tod seiner Mutter wuchs Jassir bei deren Familie in Jerusalem auf. Schon als Halbwüchsiger beteiligte er sich an Aktionen gegen die Briten, die damals Palästina verwalteten. Nach einer erfolgreichen Karriere als Bauunternehmer in Kuwait gründete er 1959 die Al-Fatah. Die palästinensische Organisation bekämpfte vom Libanon aus den 1948 ausgerufenen Staat Israel. Nach dem Sechs-Tage-Krieg von 1967, bei dem Israel die Sinai-Halbinsel, den Gazastreifen, das Westjordanland, Ost-Jerusalem und die Golan-Höhen besetzte, lebten nunmehr 1,3 Millionen Araber statt wie bisher 250 000 unter israelischer Herrschaft. Im arabischen Lager setzte sich die Meinung durch, dass die Israelis nur durch einen Partisanenkrieg zu besiegen seien – dadurch gewannen Arafat und seine Al-Fatah an Gewicht.

> Die palästinensischen Autonomiegebiete bestehen aus mehreren durch israelische Siedlungsbereiche voneinander getrennten Exklaven im Westjordanland sowie dem Gazastreifen. Die Regierung, auch Autonomiebehörde genannt, beansprucht darüber hinaus Ostjerusalem sowie die Kontrolle über die Grenze nach Jordanien, die bisher bei Israel liegt. Die palästinensischen Autonomiegebiete werden nur von einigen arabischen Ländern als autonomer Staat anerkannt. Hauptstadt ist Gaza-Stadt. Insgesamt leben in den Gebieten etwa 3,6 Millionen Menschen – davon 2,3 Millionen im Westjordanland und 1,3 Millionen im Gazastreifen.

1969 wurde die Al-Fatah in die Palästinensische Befreiungsorganisation PLO aufgenommen und Arafat als Vorsitzender des Exekutivrats der PLO gewählt. Er galt von Anfang an als Vertreter des gemäßigten Flügels und gewann trotz seines »Stallgeruchs« als Terrorist allmählich internationales Ansehen als Symbolfigur der palästinensischen Befreiungsbewegung. Ein Triumph für ihn war die arabische Gipfelkonferenz von Rabat im Jahr 1974, auf der die PLO als einzige rechtmäßige Vertreterin der Palästinenser anerkannt wurde.

Die folgenden Jahrzehnte wurden eine wahre Achterbahnfahrt für Arafat und den Friedensprozess: Nachdem Syrien in den Bürgerkrieg in Libanon eingriff, musste er seine politische Basis dort aufgeben. Er diskreditierte sich und seine Ziele durch seine Verwicklung in die Entführung des italienischen Kreuzfahrtschiffes »Achille Lauro«. Erst Ende der 80er Jahre gewann Arafat wieder an Boden, nachdem Israel trotz militärischer Stärke es nicht schaffte, die erste große Rebellion der Palästinenser (»Intifada«) unter Kontrolle zu bringen und wegen seines harten Vorgehens unter internationalen Druck geriet.

Die historische Wende kam, nachdem Arafat das Existenzrecht Israels anerkannte und auf Terrorismus verzichtete, worauf die USA bereit waren, mit der PLO zu verhandeln. 1993 akzeptierte auch Israel die PLO als Gesprächspartner. Im Beisein von US-Präsident Bill Clinton gaben sich Israels Ministerpräsident Yitzhak

Jassir Arafat im Jahr 2001 in Ramallah.

Rabin und Jassir Arafat einen historischen Händedruck. Für das Friedensabkommen erhielten sie zusammen mit dem israelischen Außenminister Shimon Peres 1994 den Friedensnobelpreis. Nach 27 Jahren Exil kehrte Arafat als Leiter der Autonomiebehörde im Juli 1994 nach Gaza-Stadt zurück.

Schnell stellte sich heraus, dass das Autonomieabkommen schwer umzusetzen war – die wirtschaftlichen Probleme ließen sich nicht lösen, und Arafat hatte Mühe, die Fundamentalisten im eigenen Lager unter Kontrolle zu halten. Zwar wurde er bei den ersten Wahlen im Januar 1996 mit großer Mehrheit als Präsident des Autonomierates bestätigt, doch bald darauf meldete sich die terroristische Hamas mit Bombenanschlägen in Israel zurück. Es folgten wiederum Jahre des Hoffens und Scheiterns: Ein Problem war dabei Arafats zunehmend schwindende Autorität, seiner Autonomiebehörde wurden Willkür und Korruption vorgeworfen.

Eine zweite Intifada, die auf den provozierenden Besuch des Vorsitzenden der konservativen Likud-Partei, Ariel Scharon, folgte, verbesserte die verfahrene Lage nicht: Nach Selbstmordanschlägen fanatischer Hamas-Anhänger in Haifa und Jerusalem brach Israel alle Kontakte zum Palästinenserpräsidenten ab. Arafat wurde 2001 in der Mukata, seinem Hauptquartier im westjordanischen Ramallah, unter Hausarrest gestellt. Scharon, inzwischen Ministerpräsident, erklärte 2002 den »totalen Krieg« gegen den Terror und bedauerte öffentlich, Arafat nicht schon früher liquidiert zu haben. Die größte Militäraktion Israels seit dem Libanonkrieg begann, bei der auch Arafats Hauptquartier zerstört wurde.

Erst Ende April 2003 beruhigte sich die Lage: Mit der »Road Map« wurde ein neuer Friedensanlauf versucht. Mehr und mehr schadeten Arafat jedoch seine nicht eingehaltenen Reformversprechen und der wirtschaftliche Niedergang in den palästinensischen Gebieten. Seine Behörde stand im Verdacht, fast eine Milliarde Dollar an Einnahmen auf geheimen Konten deponiert zu haben; 400 Mitglieder traten aus Protest gegen Arafats Misswirtschaft und Konzeptlosigkeit aus der Fatah aus. Auch seine 30 Jahre jüngere Frau Suha Tawil, die er 1990 geheiratet hatte und die in Paris lebte, geriet in die Kritik, nachdem bekannt wurde, dass sie eine monatliche Apanage von 100 000 Dollar aus der PLO-Kasse erhielt.

Ende Oktober 2004 wurde der erkrankte Arafat in ein Militärkrankenhaus bei Paris gebracht, erst kurz zuvor hatte Israel den Hausarrest aufgehoben. Arafat starb nach einem Leber- und Nierenversagen sowie einer Gehirnblutung. Den lange erwarteten Rückzug Israels aus dem Gaza-Streifen und Teilen des Westjordanlandes im Sommer 2005 erlebte der alte Kämpfer nicht mehr.

Helmut Kohl (*1930)

Er war angetreten, um die »geistig-moralische Wende« sowie Wirtschaftsreformen einzuleiten, er wollte weniger Staat, mehr Markt und mehr persönliche Leistung. Doch unter seiner Regierung stieg die Zahl der Arbeitslosen rapide an und es kam eine ganz andere Wende, als er versprochen hatte. Gemessen an seinen Zielen war Helmut Kohl wenig erfolgreich – und dennoch gilt er als großer Kanzler der Bundesrepublik: Dass die DDR während seiner Amtszeit zusammenbrach, war zwar nicht sein Verdienst, doch er hat es verstanden, einen Zipfel des Mantels der Geschichte, der zu ihm herüberwehte, zu ergreifen und die deutsche Einheit mitzugestalten.

Kohl, geboren 1930 in Ludwigshafen, machte rasch Parteikarriere. Junge Union, Mitglied im Landesvorstand seiner Partei, Vorsitzender des Kreisverbandes, Fraktionsvorsitzender im Landtag von Mainz – kaum ein Posten, den er nicht innegehabt hätte. Von 1969 bis 1976 war er Ministerpräsident von Rheinland-Pfalz, ein Amt, das er nach seiner Kanzlerkandidatur aufgab. 1973 übernahm er von Rainer Barzel, der wegen des gescheiterten Misstrauensvotums gegen den Kanzler Willy Brandt ins Abseits geraten war, den Parteivorsitz der CDU.

Die Bundestagswahl 1976 verlor Kohl nur knapp und wurde danach Fraktionsvorsitzender im Bundestag. Es begann ein Machtkampf um den Führungsanspruch in der Union. Die CSU beschloss auf ihrer traditionellen Winterklausur in Wildbad Kreuth, der CDU die Fraktionsgemeinschaft aufzukündigen. Kohl gelang es, den »Kreuther Trennungsbeschluss« wieder rückgängig zu machen, dafür durfte CSU-Chef Franz Josef Strauß bei der Bundestagswahl 1980 kandidieren. Er verlor ebenfalls – und Kohls Stellung als Spitzenkandidat war fortan unangefochten.

Derweil knirschte es in der rot-gelben Koalition. Die FDP unter Wirtschaftsminister Otto Graf Lambsdorff wollte radikale Sparpläne und vor allem eine Liberalisierung des Parteispendengesetzes durchsetzen, aber die SPD sträubte sich. Die Koalition zerbrach im September 1982, Kohl wurde für das Amt des Kanzlers nominiert und stürzte mit einem konstruktiven Misstrauensvotum den damaligen Regierungschef Helmut Schmidt. Um den Makel zu beseitigen, nicht vom Volk gewählt worden zu sein, stellte Kohl im Dezember dem Bundestag eine fingierte Vertrauensfrage mit dem Ziel den Bundestag aufzulösen. Bei den vorgezogenen Neuwahlen im März 1983 wurde die Koalition von Union und FDP gewählt.

Kohl blieb Kanzler bis 1998 und war damit der am längsten amtierende Regierungschef der Bundesrepublik; man kann deshalb von einer »Ära Kohl« sprechen. Außenpolitisch setzte Kohl das Werk der sozialliberalen Koalition fort – etwa die umstrittene Nachrüstung mit den Pershing-Raketen und Marschflugkörpern der NATO, die Helmut Schmidt eingeleitet hatte. Er verstand sich überraschend gut mit Frankreichs sozialistischem Präsidenten François Mitterand, mit dem er minutenlang Hand in Hand vor den Kriegsgräbern von Verdun stand. Auch Fortschritte bei der europäischen Einigung wie der »Vertrag von Maastricht« und die Einführung des »Euro« gingen auf die gute Zusammenarbeit von Kohl und Mitterand zurück. Im Inneren blieben Reformen jedoch weitgehend aus: Zwar wurde die Bundesrepublik die stärkste Export-

Kohl bei seiner erstmaligen Vereidigung als Bundeskanzler, 1982.

> Helmut Kohl ist der erste Bundeskanzler der Nachkriegsgeneration und somit weder Mitglied der NSDAP noch der Wehrmacht gewesen. Als er 1984 vor den Abgeordneten der israelischen Knesset spricht, sagt er: »Ich rede vor Ihnen als einer, der in der Nazizeit nicht in Schuld geraten konnte, weil er die Gnade der späten Geburt und das Glück eines besonderen Elternhauses gehabt hat.« Will er sich damit von Schuld freisprechen? Kohl weist Kritik an seiner Äußerung weit von sich, 1990 bei der Ansprache zur deutschen Einheit wird er sagen: »Die Gnade der späten Geburt ist nicht das moralische Verdienst meiner Generation, der Verstrickung in Schuld entgangen zu sein. Gnade meint hier nichts weiter als den Zufall des Geburtsdatums.«

nation der Welt, zugleich stieg aber auch die Arbeitslosigkeit auf über neun Prozent. Auf dem Parteitag 1989 in Bremen war Kohl nicht unumstritten, nur mühsam gelang es ihm, seine Abwahl zu verhindern.

Kohls Rettung war gewissermaßen das schnelle Ende der DDR, entschlossen setzte er sich für die Wiedervereinigung ein. Kohl erwies sich als Taktiker, der geschickt zwischen den Bedenken zahlreicher ausländischer Regierungen einerseits und dem Wunsch der Ostdeutschen nach schnellem Anschluss handelte. Die britische Regierung unter Margaret Thatcher sowie die französische hatten Angst, dass ein wieder vereinigtes Deutschland zu stark und nationalistisch werden könnte. Kohl beruhigte sie mit dem Bekenntnis zur europäischen Wirtschafts- und Währungsunion. Polen gegenüber gab er die Garantie ab, dass die Ostgrenze Deutschlands gültig bleibt, und der Sowjetunion versprach er eine atomwaffenfreie Bundeswehr sowie finanzielle Hilfen bei der Rückführung der Sowjettruppen. Die Details wurden im so genannten »2 + 4 Vertrag« vom 12. September 1990 festgeschrieben (zwei Deutschlands plus vier Siegermächte).

Gegen den Willen des damaligen Bundesbankpräsidenten Otto Pöhl setzte Kohl durch, dass Löhne, Gehälter und kleinere Sparguthaben 1 : 1 von Ost- in Westmark umgetauscht wurden, was sich später als schweres Erbe für die Wirtschaft erwies. Enteignungen aus der Zeit vor der Gründung der DDR wurden – angeblich als Zugeständnis an die Sowjetunion, was Gorbatschow später bestritt – nicht rückgängig gemacht, nach 1949 enteignete Häuser, Grundstücke und Betriebe nach dem Prinzip »Rückgabe vor Entschädigung« behandelt. Formal wurde die deutsche Wiedervereinigung durch den Einigungsvertrag am 3. Oktober 1990 besiegelt – an diesem Tag traten die neuen Bundesländer der Bundesrepublik bei.

Helmut Kohl hatte es geschafft: Am 17. Januar 1991 wurde er bei den ersten gesamtdeutschen Wahlen zum ersten Kanzler des wiedervereinigten Deutschlands gewählt. Vor allem viele Ostdeutsche honorierten seinen Einsatz. Noch – denn schon Mitte der 90er Jahre machte sich Verdruss breit. Kohl hatte »blühende Landschaften« versprochen, doch viele Menschen aus den neuen Bundesländern wurden arbeitslos. Kohl wurde 1994 noch einmal, jedoch nur knapp, wieder gewählt. Er neigte zunehmend zur Autokratie und dazu, Probleme auszusitzen, wollte keinen Nachfolger benennen. Nach 16 Jahren wurde die Koalition von Union und FDP abgewählt.

Vermutlich hätte Kohl seinen Lebensabend als respektierter »Kanzler der deutschen Einheit« begehen können, wäre da nicht die Parteispendenaffäre. Entgegen eindeutiger Gesetzeslage weigerte Kohl sich hartnäckig, die Namen von Spendern zu nennen und berief sich auf ein »Ehrenwort«, das er den Spendern gegeben habe. Die CDU musste Wahlkampfgelder zurückerstatten, Kohl sammelte höchstpersönlich, dennoch musste er vom Ehrenvorsitz der Partei im Jahr 2000 zurücktreten. Die wichtigste Folge des Parteispendenskandals: Die von ihm geförderte Angela Merkel brachte sich rasch gegen Kohl in Stellung und baute so ihre Macht innerhalb der Partei aus.

Michail Gorbatschow (*1931)

»Gorbi, Gorbi«, riefen die Menschen bei den Montagsdemonstrationen im Oktober 1989 in Leipzig, oder auch: »Gorbi, hilf uns.« Auch die Westdeutschen feierten den Generalsekretär der Kommunistischen Partei der Sowjetunion wie einen Popstar. Michail Gorbatschow erschien vielen Menschen im Westen als Garant für einen neuen Weltfrieden. Für die Bürger der DDR, Polens oder der Tschechoslowakei war er ein Retter, Prophet einer besseren Zukunft. Er hatte die Zügel, an denen die osteuropäischen Länder hingen, gelockert und Offenheit im eigenen Land ausgerufen. Bei seinem Besuch in Ostberlin Anfang Oktober 1989 belehrte er DDR-Staatspräsident Erich Honecker: »Gefahren warten nur auf jene, die nicht auf das Leben reagieren« – volkstümlich übersetzt wurde daraus: »Wer zu spät kommt, den bestraft das Leben.«

Dabei war die westliche Welt zunächst skeptisch, als im Frühjahr 1985 der mit 54 Jahren vergleichsweise junge Gorbatschow KPdSU-Generalsekretär wurde. Der damalige Bundeskanzler Helmut Kohl verglich ihn mit dem NS-Propagandaminister Joseph Goebbels, und US-Präsident Ronald Reagan reagierte nicht auf erste Abrüstungs-Vorschläge der Russen. Erst die britische Premierministerin Margaret Thatcher erkannte, dass Gorbatschows Stil nicht nur Propaganda war, sondern tatsächlich für eine neue Politik stand – und sie empfahl ihn den westlichen Führern weiter.

Gorbatschow, 1931 als Sohn eines Bauern im nördlichen Kaukasus geboren, studierte Jura und trat 1952 in die Partei ein. Nach einem Abschluss als Agrarbetriebswirt machte er eine steile Parteikarriere, die ihn 1971 ins Zentralkomitee führte, 1979 ins Politbüro. Als er 1985 den verstorbenen Konstantin Tschernenko beerbte, vertrat er bereits den Reformflügel der Partei. Während des Parteitages im Februar 1986 sorgte er für Aufsehen, als er sich zu den Fehlern der Partei seit Stalin und den Verbrechen während des Zweiten Weltkriegs bekannte, wie der Ermordung polnischer Offiziere in

Katyn. Dem Kommunismus schwörte Gorbatschow freilich nicht ab, er wollte ihn erhalten – durch »Glasnost« (Offenheit) und »Perestroika« (Umstrukturierung).

Noch folgenreicher für die Welt war die Abschaffung der Breschnew-Doktrin, was den Führungsanspruch der kommunistischen Parteien lockerte und den Satellitenstaaten der Sowjetunion de facto erlaubte, demokratisch zu werden. »Sinatra-Doktrin« nannte Gorbatschow die neue Philosophie (angelehnt an das Sinatra-Lied ›My way‹), die 1989 zu einer Reihe von friedlichen Revolutionen in Osteuropa und letztlich der deutschen Wiedervereinigung führte. Dafür erhielt er 1990 den Friedensnobelpreis.

Auch die Atomwaffen verloren ihren Schrecken, nachdem Gorbatschow sich um Abrüstung bemühte. Erstmals traf er sich 1985

Michail Gorbatschow und Ronald Reagan unterzeichnen im Dezember 1987 in Washington ein weitreichendes Abrüstungsabkommen.

mit Reagan in Genf, später in Rejkjavik. Im Dezember 1987 unterzeichneten beide in Washington die »Nulllösung«, sprich: den Vertrag über die Beseitigung aller Mittelstreckenraketen. Mit dem Rückzug aus Afghanistan, der 1988 begann, einem massiven Truppenabbau und dem Abzug von Panzerdivisionen aus der DDR, der Tschechoslowakei und Ungarn zeigte Gorbatschow der Welt, dass er es ernst meinte mit einer neuen Außenpolitik der Sowjetunion. Im Inneren wurde, anlässlich der Tausendjahrfeier des Christentums, die Glaubensfreiheit wieder eingeführt.

Innenpolitisch zeigte Gorbatschow weitaus weniger Fortüne. Im Februar 1990 legte er ein Reformpaket zur Erneuerung der Kommunistischen Partei vor, die damit im Wesentlichen auf ihr Machtmonopol verzichtete. Gorbatschow wurde im März zum ersten und letzten Präsidenten der Sowjetunion gewählt, doch die Wirtschaft stand kurz vor dem Kollaps, und der Machtverlust der Kommunistischen Partei führte letztlich zum Zusammenbruch der Sowjetunion – ein Zusammenbruch, den Gorbatschow nicht vorhergesehen hatte. Nur durch den Einsatz von Militär konnten die ethnischen Konflikte, die allenthalben aufflammten, unter Kontrolle gebracht werden. Im März bzw. Mai 1990 erklärten Litauen, Lettland und Estland ihre Unabhängigkeit. Sowjettruppen marschierten daraufhin in die Länder ein, Gorbatschow behauptete später, er habe davon nichts gewusst.

1991, während Gorbatschow und seine Frau Raissa in ihrer Datscha auf der Krim weilten, putschten Altkommunisten in Moskau. Dem russischen Präsidenten Boris Jelzin gelang es, die Aufständischen auszuschalten und die Staatsgewalt zu übernehmen – damit stellte er aber auch Gorbatschow weitgehend kalt. Dieser versuchte noch, die Sowjetunion als eine lose Konföderation zu retten, was am Widerstand der Ukraine scheiterte. Jelzin verbot Aktivitäten der KPdSU auf russischem Boden und düpierte damit Gorbatschow vollends. Im Dezember gründete sich die »Gemeinschaft Unabhängiger Staaten« (GUS). Die Sowjetunion hörte am 25. Dezember 1991 auf zu existieren, und Gorbatschow trat als

Präsident der Sowjetunion zurück. Seine Versuche, in die Politik zurückzukehren, blieben erfolglos – auch weil er keine klare Linie vertrat. Bei der Präsidentenwahl 1996 erhielt er noch nicht einmal ein Prozent der Stimmen, 2004 trat er vom Vorsitz der erfolglosen sozialdemokratischen Partei zurück.

Im Westen bleibt Gorbatschow ein beliebter und verehrter Politiker, weil er den Kalten Krieg beendet und den Osteuropäern ihre Freiheit zurückgegeben hat. Viele Menschen nahmen auch Anteil am frühen Tod seiner Frau Raissa, die 1999 an Blutkrebs starb. Die Russen dagegen machen ihn für den Zerfall des sowjetischen Imperiums verantwortlich, manche werfen ihm sogar vor, er habe Moskaus Interessen verraten und das Land an den Westen verkauft.

Joschka Fischer (*1948)

Vom Schläger zum Demokraten, vom Metzgersohn zum Parteichef, vom Taxifahrer zum Außenminister, vom Pazifisten zum Kriegsbefürworter – kaum eine politische Karriere in Deutschland enthält so viele Brüche und führt dennoch steil nach oben wie die von Joschka Fischer. Und wie kein anderer steht Fischer für die außerparlamentarische Opposition und für die wachsende Umweltbewegung, für die grüne Partei, ihre Widersprüche und ihren Aufstieg. So wie er mit den Grünen ganz groß geworden ist, so ist er mit ihrer Abwahl auch wieder abgestürzt.

Joseph (»Joschka«) Martin Fischer wurde 1948 im württembergischen Gerabronn nahe Crailsheim geboren. Seine Eltern mussten als Ungarndeutsche nach dem Krieg ihren Heimatort nahe Budapest verlassen. Auf dem Gymnasium hielt Fischer es nicht lange aus. Der ehemalige Ministrant verließ die Schule während der 10. Klasse und brach auch eine Fotolehre bald wieder ab. Von 1967 an war er in der Studentenbewegung aktiv, hörte in Frankfurt Vorlesungen von Theodor Adorno und Jürgen Habermas, las die Schriften von Marx und Mao.

Immer öfter war er auf der Straße zu finden und war bei Schlachten mit der Polizei gegenwärtig, bis 1975 als Mitglied einer linksradikalen und militanten Gruppe. Nach einem Angriff mit Molotow-Cocktails, bei dem Polizisten schwer verletzt wurden, musste er für zwei Tage ins Gefängnis. Fischer hat stets bestritten, selbst Sprengstoff geworfen zu haben, hat wohl aber deren Einsatz damals für prinzipiell gut befunden. Erst 1977, im »heißen Herbst« der Roten Armee Fraktion, begann er, wie er selbst sagte, sich von seinen radikalen Ideen zu lösen.

In den siebziger Jahren hielt Fischer sich mit Gelegenheitsjobs über Wasser. Er arbeitete bei Opel am Fließband, wurde allerdings rasch entlassen, als er versuchte, die Arbeiter für die Revolution zu mobilisieren. Er fuhr Taxi, übersetzte Romane und verdiente Geld mit kleinen Filmrollen. Ein regelmäßiges, wenn auch zunächst karges Gehalt bezog er erst, nachdem er 1983 für die Grünen in den Bundestag eingezogen war.

Zuvor hatte Fischer zusammen mit dem heutigen Europa-Abgeordneten Daniel Cohn-Bendit den »Arbeitskreis Realpolitik« gegründet – später sollten durch seinen Einfluss die eher pragmatischen Grünen sich zunehmend gegenüber den Fundamentalisten durchsetzen und die Partei dominieren. Fischer galt schon damals als Rednertalent – wenn auch als eines, das vor deftigen Sprüchen nicht zurückscheute (»Mit Verlaub, Herr Präsident, Sie sind ein Arschloch!«, sagte er 1984 zum Bundestagsvizepräsidenten Richard Stücklen, nachdem dieser einen Parteifreund von Fischer ausgeschlossen hatte, der Helmut Kohl als »von Flick gekauft« bezeichnet hatte). 1985 musste er wegen des damals geltenden Rotationsprinzips aus dem Bundestag ausscheiden.

In Turnschuhen ließ Fischer sich als Staatsminister für Umwelt und Energie 1985 in der bundesweit ersten rot-grünen Koalition in Hessen vereidigen – ein Skandal für die einen, ein Zeichen der

Das erste rot-grüne Bundeskabinett in Deutschland. In der Mitte vorne von links: Bundespräsident Roman Herzog, Bundeskanzler Gerhard Schröder sowie Außenminister und Vizekanzler Joschka Fischer.

Stärke für die anderen. Schon zwei Jahre später war die Koalition am Ende, weil die Grünen verlangt hatten, die Genehmigung für die Hanauer Atomanlage zurückzunehmen. Fischer war Oppositionsführer bis zur Neuauflage von Rot-Grün 1991 in Wiesbaden, als er erneut Umweltminister und stellvertretender Ministerpräsident wurde. 1994 – die Grünen hatten den Einzug in den Bundestag erneut geschafft – wechselte er endgültig von der Landes- in die Bundespolitik und wurde zum Fraktionssprecher von Bündnis 90/Die Grünen.

Eine erste, große Krise der Grünen löste Fischer höchstpersönlich aus, als er die UN-Schutzzonen in Bosnien und Herzegowina befürwortete und die Partei zwang, sich zu seinem Kurs zu bekennen. Die Grünen waren fortan nicht mehr eine zu hundert Prozent pazifistisch ausgerichtete Partei.

Doch die eigentliche realpolitische Bewährungsprobe stand ihnen erst 1999 bevor. Die Grünen waren nach der Niederlage der schwarz-gelben Koalition von 1998 zum ersten Mal in der Bundesregierung, und Fischer wurde Außenminister und Vizekanzler. Er setzte sich dafür ein, dass deutsche Soldaten – erstmals seit dem Zweiten Weltkrieg – zu einem Auslandseinsatz flogen, und zwar in den Kosovo. Der Konflikt hatte die Partei fast zerrissen, doch letztlich blieb ihr keine andere Wahl, als ihrer Identifikationsfigur zu folgen, wollte sie in der Regierung bleiben. Fortan galt Fischer allerdings in der radikallinken Szene als »Kriegsverbrecher«.

War Fischer plötzlich zum Falken geworden? Wohl eher zum Realaußenpolitiker. Teils blieb Fischer keine andere Wahl, als dem Kanzler Gerhard Schröder zu folgen, teils änderte das Amt auch seine außenpolitischen Positionen.

Aus dem Sponti, der 1969 noch an einer Tagung der damals als terroristisch geltenden Palästinenserorganisation PLO in Tunis teilgenommen hatte, war ein weltweit respektierter Außenminister geworden, der sich nun für Friedensverhandlungen im Nahen Osten einsetzte. Hatte der Bundestagsabgeordnete Joschka Fischer 1995 noch die Untätigkeit der Bundesregierung angesichts von Morden an den Tschetschenen durch die russische Supermacht gegeißelt, so erklärte der Außenminister Joschka Fischer fünf Jahre später, dass Russland nicht isoliert werden dürfe und dass es legitim sei, gegen Terror vorzugehen.

Er protestierte auch nicht gegen Schröders Ansinnen, das Waffenembargo gegen China aufzuheben. So geschmeidig wurde der frühere Sponti, dass es schon eine kleine Sensation war, als er dem US-Verteidigungsminister Donald Rumsfeld bei einer Diskussion über den Irak-Krieg ein »I am not convinced« (Ich bin nicht überzeugt) entgegenschleuderte.

Fischer wurde zum beliebtesten Politiker in Deutschland; so gelang es den Grünen, bei der Bundestagswahl 2002 8,6 Prozent und acht zusätzliche Sitze zu erringen – und retteten damit die Koalition mit der SPD. Doch die agierte zunehmend glücklos: Die

Arbeitslosenzahlen blieben hoch, die unionsregierten Länder blockierten überdies im Bundesrat praktisch alle Gesetzesvorhaben.

Als dann noch die Visa-Affäre hochkochte, war es um die große Popularität Fischers geschehen. Der Außenminister rutschte auf der Beliebtheitsskala ab. Fischers Amt hatte großzügig Visa für Osteuropäer ausgestellt, wodurch auch Zwangsprostituierte nach Deutschland gelangten. Fischer übernahm die Verantwortung, lehnte es aber ab, zurückzutreten. Nun warfen viele ihm offen seine Arroganz, die er stets gepflegt hatte, vor. Der Mythos Fischer hatte einen empfindlichen Kratzer erhalten.

Als Bundeskanzler Gerhard Schröder 2005 nach der Niederlage der SPD bei der Landtagswahl in Nordrhein-Westfalen vorzeitige Bundestagswahlen erzwang, war Fischer dagegen – das Risiko, dass die Grünen nicht mehr in der Regierung sein würden, war schließlich groß. Joschka Fischer stürzte sich noch einmal in den Wahlkampf: vergebens. SPD und Union bildeten im Herbst 2005 eine große Koalition, und Fischer zog sich enttäuscht, wie ein verstoßenes Alphatier, aus allen Ämtern auf eine Hinterbank des Bundestags zurück. Im Sommer 2006 gab er schließlich sein Bundestagsmandat zurück und übernahm eine Gastprofessur an der amerikanischen Eliteuniversität in Princeton.

Bill Gates (*1955)

Wie wird man superreich? Eine bewährte Methode ist, superreiche Eltern zu haben. Durch kriminelle Machenschaften Geld anzuhäufen, ist etwas mühsamer. Aber ist es überhaupt möglich, Milliarden von Euro »ehrlich« zu verdienen? Oder noch strenger gefragt: Ist es moralisch vertretbar, überhaupt so viel Geld zu besitzen?

Bill Gates

Bill Gates wurde 1955 in eine wohlhabende, aber keineswegs reiche Familie geboren. Sein Vater war Rechtsanwalt, seine Mutter Lehrerin. Immerhin konnte Bill auf eine Familie voller Ehrgeiz, Intelligenz und Erfolg bauen, die aber auch politisches und soziales Engagement mitbrachte. Sein Urgroßvater war Abgeordneter und Bürgermeister, sein Großvater stellvertretender Vorsitzender einer großen Bank.

Nachdem der junge Bill in der öffentlichen Grundschule Bestnoten, vor allem in Mathematik und Naturwissenschaften, erzielte, beschlossen die Eltern, ihn auf ein privates Gymnasium zu schicken: Die Lakeside School galt als Eliteschmiede, doch dass Bill Gates noch erfolgreicher werden würde als alle seine Kameraden, war kaum abzusehen. Der gute Unterricht hat ihm bestimmt nicht geschadet, doch seine große Chance lag anderswo: Lakeside hatte einen Computer.

1968 waren Computer eigentlich noch zu groß und zu teuer, als dass ein Gymnasium auch nur daran hätte denken können, einen eigenen zu kaufen. Stattdessen hatte die Schule Spenden gesammelt, um einen Rechner zu mieten. Als Bill Gates mit 13 Jahren für

Bill Gates

die geliehene Maschine sein erstes Programm schrieb, war er bereits ein Fan der neuen Technologie. Statt Hausaufgaben zu machen, saß er im Computerraum, programmierte und lernte alles, was es zu lernen gab. In wenigen Wochen hatten er und ein paar Freunde die Rechnerzeit aufgebraucht, die für das ganze Jahr reichen sollte.

Doch wer süchtig ist, findet Wege, um an seinen »Stoff« zu kommen. Für die Computerfreunde bedeutete das, für eine Firma im Tausch für unbegrenzten Zugang zu dem Betriebsrechner zu arbeiten. Drei Jahre später verdienten die Schüler nicht nur Rechenzeit, sondern richtiges Geld: Bill Gates und Paul Allen gründeten eine eigene Firma und verkauften ihre Software für 20 000 Dollar – vier Jahre bevor sie zusammen »Microsoft« gründeten.

Nach dem Abitur schrieb Gates sich für ein Jurastudium an der Harvard Universität ein – wie es üblich war für gute Schüler aus besseren Familien. Doch sein Herz schlug immer noch für das Programmieren – und für das Geschäft: Er verbrachte seine Nächte im Computer Zentrum der Uni und heckte mit Paul Allen Ideen für eine Softwarefirma aus.

Im zweiten Jahr in Harvard eröffnete sich die Gelegenheit: Allen sah eine Werbung für einen neuen Minicomputer, den ersten, der von Leistung und Preis her für den Massenmarkt interessant war. Gates erkannte, dass der Markt für Heimcomputer demnächst explodieren würde und man Software für die neuen Maschinen schreiben sollte.

In dieser Gabe, die Richtung der technologischen Entwicklung und des Massenmarktes zu erkennen, liegt das erste Geheimnis seines Erfolges. Das zweite Geheimnis sind sein Geschäftssinn und eine aggressive Taktik. Innerhalb weniger Tage rief er die Hersteller des Minicomputers an und sagte ihnen, dass er die Programmiersprache »BASIC« so umgeschrieben hätte, dass sie mit der neuen Maschine benutzt werden konnte.

Das war zwar gelogen, weckte aber das Interesse des Herstellers. Gates und Allen mussten acht Wochen fieberhaft arbeiten, um herzustellen, was sie schon als fertiges Produkt angeboten hatten. Der Termin war so knapp, dass das Programm vor der Präsentation nicht einmal getestet werden konnte. Alle Erfahrung zeigt, dass *nichts* beim ersten Mal funktioniert, vor allem nicht bei einer Vorführung, und schon gar kein Computerprogramm. So gesehen, war das Vorgehen der beiden extrem riskant. Dass es dennoch tatsächlich geklappt hat, zeigt, dass sie hervorragende Programmierer waren. Nach diesem Erfolg brauchte Gates Harvard nicht mehr – er hatte Microsoft gegründet.

Auch später scheute sich Gates nicht zu bluffen. 1983 kündigte die Konkurrenz ein neuartiges Betriebssystem mit Maus und grafischer Oberfläche an. Obwohl Microsoft noch nichts Ähnliches entwickelt hatte, erkannte Gates, dass die Zukunft solchen Systemen gehörte. Er kündigte kurzerhand an, dass Microsoft demnächst ein ähnliches Betriebssystem anbieten würde, das »Windows« heißen sollte. Die Kunden warteten also auf das noch gar nicht existierende Microsoftprodukt, und die Konkurrenz ging leer aus. Auch heute ist die Microsoft-Gesellschaft so strukturiert, dass eine Abteilung sich schon um die Werbung für ein neues Produkt kümmert, bevor eine andere Abteilung überhaupt mit dessen Entwicklung angefangen hat.

Mit seinen Geschäftspraktiken hat Gates sich viele Feinde gemacht, denn Microsoft hat eine Monopolstellung erreicht, die die Firma gnadenlos ausnutzt. Die Dominanz von Microsoft bei Anwenderprogrammen für die breite Masse ist unbestreitbar, und jedes Monopol birgt für den Verbraucher die Gefahr von überhöhten Preisen und schlechter Qualität. Andererseits muss man erkennen, dass die Verbraucher bei Computerprogrammen ein Monopol *wollen*. Sie wollen Manuskripte und Tabellenkalkulationen mit Freunden und Kollegen austauschen können, was nur möglich ist, wenn alle die gleichen Programme nutzen. Sie wollen auch, dass Drittfirmen Software billiger anbieten können, weil sie nicht zehn Versionen entwickeln müssen, sondern nur eine – nämlich die für Windows.

Weil Bill Gates in seiner Firma aufging und ein knallharter Geschäftsmann war, galt er lange Zeit als knausrig und herzlos. In den letzten Jahren konnte die Welt eine andere Seite ihres reichsten Bürgers kennen lernen. 1999, dem Jahr, in dem sein Vermögen 100 Milliarden Dollar überschritt, gründete er mit seiner Frau Melinda eine Stiftung: Mit einem Grundstock von 28 Milliarden Dollar ist sie inzwischen die größte Stiftung der Welt. Sie fördert vor allem Projekte in der Dritten Welt, wie die Entwicklung von Impfstoffen gegen Kinderkrankheiten und AIDS, und den Bau von Schulen und Bibliotheken.

Inzwischen hat Bill Gates etwa ein Drittel des Geldes, das er in seinem Leben verdient hat, für wohltätige Zwecke gespendet. Er will aber noch mehr verschenken. Bill und Melinda Gates sind der Meinung, dass das Schlimmste, das sie ihren drei Kindern antun könnten, wäre, ihnen zu viel Geld zu vererben. Wenn die Gates-Kinder also ebenfalls superreich werden wollen, dann müssen sie sich etwas anderes einfallen lassen, als nur superreiche Eltern zu haben.

Osama bin Laden (*1957)

Vom Bauunternehmer zum weltweit am meisten gesuchten Terroristen: Diese eher seltene Karriere kann Osama bin Laden vorweisen. Auf seinen Kopf sind insgesamt 27 Millionen Dollar ausgesetzt – doch offenbar will niemand den Gotteskrieger verraten. Der Anführer des Terrornetzes al-Qaida ist zur Symbolfigur geworden für die Hilflosigkeit des Westens gegenüber fanatischen Islamisten, die den gottlosen Kapitalismus bekämpfen wollen.

Als 17. Kind von etwa 50 Geschwistern wurde Osama bin Laden 1957 in Riad, Saudi-Arabien, geboren. Sein Vater war Ende der zwanziger Jahre als Maurer aus dem Jemen in die Hafenstadt Dschidda gekommen und zum führenden Bauunternehmer Saudi-

Arabiens aufgestiegen. Nach dem Tod des Vaters wurde die »Saudi Binladin Group« auf die etwa 20 Söhne aufgeteilt, darunter Osama, der dadurch früh Verantwortung in der Firma übernahm. Trotzdem besuchte er ein Internat in Beirut und schloss 1979 ein Studium als Bauingenieur in Dschidda ab.

Schon in jungen Jahren fiel bin Laden durch kompromisslose Frömmigkeit auf. Er bewarb sich bei der saudischen Religionspolizei, doch ohne Erfolg, da er damals bereits mit den radikalen ägyptischen Muslimbrüdern sympathisierte. Nach dem Einmarsch der Sowjetunion in Afghanistan legte bin Laden dort im Auftrag des saudischen Geheimdienstes Nachschubwege für die Widerstandskämpfer an. Mitte der 80er Jahre baute er militärische Ausbildungslager, aus denen ein Netz zur Unterstützung islamischer Oppositioneller wurde, später unter dem Namen »al-Qaida« bekannt, was soviel heißt wie »Stützpunkt« oder »Basis«. Die Mudschaheddin, die bin Laden in Pakistan rekrutierte, wurden damals von den USA noch finanziell unterstützt. Kurz bevor die sowjetischen Streitkräfte 1989 abzogen, soll bin Laden etwa 20 000 Kämpfer befehligt haben.

Nach seiner Rückkehr nach Dschidda machte er sich unbeliebt, weil er gegen das saudische Königshaus agitierte. Er warf König Fahd vor, mit den Amerikanern im Golfkrieg paktiert und deshalb die heiligen Stätten Mekka und Medina entweiht zu haben. Es kam zum Bruch mit seiner Familie, er wurde 1991 aus Saudi-Arabien ausgewiesen und ließ sich im Sudan nieder. Auch dort leitete er Ausbildungslager für islamische Guerillakämpfer. Nachdem die Regierung in Khartum ihn auf Druck der USA auswies, fand bin Laden wieder Unterschlupf in Afghanistan. Dort errichtete er eine Festung bei Kandahar und zahlreiche Ausbildungslager. Den USA erklärte er den Krieg und erließ eine Fatwa, einen Aufruf, der den Mord an US-Bürgern billigte.

Schon der Sprengstoffanschlag auf das New Yorker World Trade Center von 1993 mit sechs Toten ging vermutlich auf das Konto der al-Qaida. Weitaus mörderischer waren die Bomben auf die US-

> **Die Bomben al-Qaidas**
>
> 26. Februar 1993, World Trade Center New York, 6 Todesopfer
> 13. November 1995, Autobombe in Riad, 7 Todesopfer
> 25. Juni 1996, Zharan, 19 Todesopfer
> 7. August 1998, Daressalam und Nairobi, 244 Todesopfer
> 12. Oktober 2000, USS Cole, 17 Todesopfer
> 11. September 2001, New York (WTC) und Washington (Pentagon), knapp 3000 Todesopfer
> 11. April 2002, Djerba, 19 Todesopfer
> 11. März 2004, Madrid, 191 Todesopfer
> 7. Juli 2005, London, 54 Todesopfer
> 23. Juli 2005, Scharm-el-Scheich, 88 Totesopfer

Botschaften in Nairobi und Daressalam von 1998, bei denen 244 Menschen ums Leben kamen. Die USA beschuldigten bin Laden, an 18 terroristischen Anschlägen beteiligt gewesen gewesen zu sein, und erhoben im November 1998 Anklage gegen ihn. Seitdem gilt er als gefährlichster Terrorist der Welt, denn es wird klar, dass bin Laden nicht nur eine kleine Terrorgruppe um sich versammelt hat, sondern dass er Förderer, Organisator und Symbolfigur eines ganzen Netzes radikalislamischer Gruppen ist, die weltweit operieren und eine neue Form des Guerillakrieges betreiben.

Dass die Terroristen aber auf dem Boden der USA einen Anschlag mit 3000 Toten verüben würden, war außerhalb der Vorstellungskraft der Geheimdienste, die bin Laden im Visier hatten. Offiziell übernahm bin Laden zunächst nicht die Verantwortung für das Attentat auf das World Trade Center am 11. September 2001 (eine entsprechende Aussage folgte erst 2004), doch in einer Videobotschaft beglückwünschte der stets mit einem Turban bekleidete hochgewachsene Terrorist die Attentäter, die wie er größtenteils aus Saudi-Arabien stammten.

Das Trauma der USA war groß, entsprechend hart die Reaktion. Die Regierung von Präsident George W. Bush verlangte von den afghanischen Taliban die Auslieferung von bin Laden. Als diese sie verweigerten, begannen die USA und Großbritannien Luftangriffe auf Afghanistan. Das Taliban-Regime stürzte, doch bin Laden blieb trotz massiver Bombardierung seiner Festung Tora Bora am Leben und auf freiem Fuß. Spätere Versuche, den al-Qaida-Führer festzunehmen, scheiterten ebenfalls.

Auch der Irak-Krieg, der im Februar 2003 begann, ist indirekt eine Folge der Terroranschläge bin Ladens. Der Hauptvorwurf an den Diktator Saddam Hussein lautete zwar vor allem Besitz von Massenvernichtungswaffen, was sich im Nachhinein als falsch herausstellte, aber auch Unterstützung terroristischer Aktivitäten in der Region. Der Krieg entfernte Saddam von der Macht, der Irak lässt sich allerdings nicht so leicht befrieden. Zudem spaltete er die westliche Welt: Manche der Mitglieder der »Koalition der Willigen«, die bereit waren, die USA im Irak zu unterstützen, zahlten dafür einen hohen Preis: Am 11. März explodierten al-Qaida-Bomben in Pendlerzügen in Madrid, 191 Menschen starben. Im Juli 2005 kam es zu Selbstmordattentaten in London mit über 50 Toten.

Möglicherweise hat der Irak-Krieg al-Qaida sogar eher gefestigt als geschwächt, vermuten Experten, weil der Angriff den Terroristen neuen Zulauf bescherte. Der Westen jedenfalls bleibt hilflos angesichts des Fanatismus der al-Qaida-Terroristen, die im Namen Allahs handeln und denen Menschenleben gleichgültig sind.

Grundlegende Fragestellungen

Menschen- und Bürgerrechte

»Jeder Mensch hat Anspruch auf die hiermit garantierten Menschenrechte und Freiheiten, ohne irgendeine Unterscheidung, wie etwa nach Rasse, Farbe, Geschlecht, Sprache, Religion, politischer oder sonstiger Überzeugung, nationaler oder sozialer Herkunft, nach Eigentum, Geburt oder sonstigen Umständen.«

So lautet das Gleichheitsgebot in den meisten Konventionen und Verfassungen. Es bildet die Grundlage der »Menschenrechte«, weil es festlegt, dass diese Rechte für alle Menschen gelten – egal wer sie sind und wo sie leben. »Bürgerrechte« hingegen sind Rechte, die ein Staat seinen Bürgern gewährt, etwa das Wahlrecht oder die Freiheit, sich zu versammeln. Unter »Grundrechten« wiederum versteht man die grundlegenden Rechte, die Bürgern zustehen und von ihnen eingeklagt werden können. Sie sind in der Regel in der Verfassung eines Landes – in Deutschland ist dies das Grundgesetz – festgeschrieben und beruhen auf der Idee der Menschenrechte, mit denen sie sich oft decken.

Schon im alten Griechenland gab es Versuche, willkürliche Urteile einzuschränken und die Bürger an den politischen Entscheidungen zu beteiligen. Als Bürger galten freilich nur freie Männer, Sklaven und Frauen besaßen praktisch keine Rechte. »Gleiche Rechte für alle« ist eine Idee, die sich erst mit der Aufklärung des 18. Jahrhunderts durchsetzte. Mehrere Philosophen dieser Zeit hatten die Idee der Menschen- und Bürgerrechte formuliert. Für den Briten John Locke hatte der Staat die Funktion, die »Naturrechte« des Menschen zu sichern und zu erhalten. Weil diese Rechte dem

> **Wichtige Dokumente in der Entwicklung der Menschenrechte**
>
> Die »Magna Charta« aus dem Jahr 1215 billigt den englischen Untertanen Schutzrechte in Bezug auf Eigentum und Steuern zu.
>
> Die »Bill of Rights« von 1689 führt zur Unabhängigkeit des Parlaments vom König in England und garantiert den Bürgern die Redefreiheit.
>
> Die »Virginia Bill of Rights« von 1776 erklärt, dass alle Menschen von Natur aus gleich und frei sind und ihr Leben und Eigentum unverletzlich ist. Im selben Jahr erscheint die »Amerikanische Unabhängigkeitserklärung«, in der das Leben und Streben nach Glück zu Naturrechten erklärt werden.
>
> 1789 setzt die französische Menschenrechtserklärung »Déclaration des droits de l'homme« Meinungs-, Glaubens- und Gedankenfreiheit fest.
>
> Die »Bill of Rights der USA«, 1789, sind die ersten zehn Zusätze zur amerikanischen Verfassung und stellen die erste einklagbare Grundrechteordnung dar.
>
> Die »Paulskirchenverfassung« von 1848 garantierte den deutschen Bürgern unter anderem Berufsfreiheit, Auswanderungsfreiheit, Briefgeheimnis, Meinungsfreiheit und Versammlungsfreiheit.

Staat übergeordnet sind, kann jeder Einzelne sie dem Staat gegenüber geltend machen. Jean-Jacques Rousseau war der erste Philosoph, der explizit von Menschenrechten sprach. Das Menschenrecht auf Freiheit war für ihn die Grundlage des Staates. Auch für Immanuel Kant war die Freiheit das wesentliche Menschenrecht, von dem alle anderen wie Gleichheit und Selbstständigkeit abgeleitet werden können. Der Staat ist dazu da, die Freiheitsrechte zu erhalten und zu sichern – deshalb darf er sie laut Kant nicht in Frage stellen, ohne seine eigene Legitimation anzutasten.

1948 verabschiedeten die Vereinten Nationen die »Allgemeine Erklärung der Menschenrechte«. Politisch und moralisch hat diese allgemeine Erklärung der Menschenrechte inzwischen großes Gewicht, obwohl sie für Staaten juristisch nicht bindend ist. Eine Menschenrechtskommission der UN wacht darüber, dass die

Die »Bill of Rights« der Vereinigten Staaten von Amerika, 1789.

Rechte nicht verletzt werden, sie kann aber keine Sanktionen verhängen. Die Kommission war zudem lange Jahre umstritten, weil in ihr auch Vertreter von Diktaturen saßen, die Menschenrechte offensichtlich verletzen. Im Frühjahr 2006 hat die UN deshalb einen neuen Menschenrechtsrat gewählt.

Europäer können ihre Menschenrechte vor dem Europäischen Gerichtshof für Menschenrechte in Straßburg einklagen.

Staatsformen

Wer trifft eigentlich die Entscheidungen in einem Land? Deutschland und andere Industrienationen sind Demokratien, das heißt, das Volk regiert. Demokratien sprechen den Menschen eine naturgegebene Würde zu, aus der das Recht folgt, sich persönlich zu entfalten, aber auch politisch mitzuwirken – ein Menschenbild, das in der griechischen Antike und dem Christentum wurzelt und sich im Zeitalter der Aufklärung durchgesetzt hat. Doch gerade in der Bundesrepublik liegt die Zeit der Diktatur von 1933 bis 1945 noch nicht so lange zurück. Und auch heute noch leben viele Menschen in Diktaturen unterschiedlicher Ausprägungen.

Praktisch alle politischen Theorien gehen davon aus, dass es eine Herrschaft des Staates geben muss. Eine Ausnahme ist die Anarchie, die in staatlicher Herrschaft nur ein Instrument zur Unterdrückung des Volkes sieht und die Staatsgewalt deshalb zerschlagen will. Auch der Marxismus hat als Idealziel das Ende der Staatsgewalt durch die klassenlose Gesellschaft, wobei diese nur durch die »Diktatur des Proletariats« erreicht werden kann. In der Realität allerdings regiert in kommunistischen Ländern der Staat häufig mit besonderer Härte.

Ansonsten hat sich die Vorstellung durchgesetzt, dass nur ein Staat das Zusammenleben der Menschen in größeren Gemeinschaften sichern kann. Nach dem englischen Philosophen Thomas Hobbes ist der »Mensch des Menschen Wolf«, der durch staatliche Macht diszipliniert werden muss. Deshalb muss der Staat auch das Gewaltmonopol besitzen. Er legt die Regeln des Zusammenlebens fest und darf Verstöße gegen Gesetze bestrafen.

Als Staatsformen unterscheidet man die »Monarchie« und die »Republik«. Die Monarchie kann absolut sein, wobei dann ein Herrscher wie der französische König Ludwig XIV. alleine regiert, oder aber beschränkt. England oder Spanien sind solche Monarchien, in denen der König heute nur noch eine weitgehend reprä-

> **Die wichtigen Merkmale der Demokratie**
>
> Die **Volkssouveränität**
> Die **Achtung der Menschenrechte**
> Das **Rechtsstaatsprinzip**, wonach jeder Bürger sein Recht einklagen kann
> Die **Gewaltenteilung** auf verschiedene politische Institutionen, um Machtmissbrauch zu verhindern
> Der **Pluralismus**, der unterschiedlichen gesellschaftlichen Gruppen Mitspracherechte einräumt
> Der **Konstitutionalismus**, der eine Verfassung als verbindlichen Rahmen für die Regeln des politischen Lebens verlangt.

sentative Funktion hat. Republiken wiederum können »Diktaturen« oder »Demokratien« sein.

Diktaturen – der Begriff geht zurück auf die Verfassung der römischen Republik, die dem Diktator in Krisenzeiten für sechs Monate außergewöhnliche Vollmachten einräumte – zeichnen sich in der Regel dadurch aus, dass die Regierung das Gewaltmonopol hat, das Parlament also nichts oder nur wenig zu sagen hat. Die Opposition ist weitgehend abgeschafft, die Medien sind unter der Kontrolle der Regierung, die Grundrechte der Bürger werden verletzt, es besteht keine Meinungsfreiheit. Die Steigerung einer Diktatur ist die totalitäre Diktatur, in der die Regierung alle Bereiche der Gesellschaft kontrolliert.

Diktaturen kommen häufig dort vor, wo die politische Lage instabil ist. Sie können die Form einer Militärdiktatur haben, zum Beispiel die Herrschaft der Junta in Chile von 1973 bis 1990. In einer Führerdiktatur regiert ein einziger Mann, in einer Parteiendiktatur bestimmt die Partei weitgehend Gesetze und öffentliches Leben. Oft kommen diese beiden Formen gleichzeitig vor wie in der Sowjetunion zur Zeit Stalins oder der Volksrepublik China in der Ära Maos. Zuweilen versuchen Führer, eine Dynastie zu gründen wie in Nordkorea, wo Kim Jong Il 1994 die Nachfolge seines Vaters Kim Il Sung antrat.

Diktatorische Züge weisen auch die Gottesstaaten (»Theokratien«) im Nahen und Mittleren Osten auf. Weil ein theokratisches System zum Ziel hat, alle Lebensbereiche der Gesellschaft nach religiösen Prinzipien auszurichten, ist es in der Regel totalitär. Der Staat kann zum Beispiel verfügen, dass Frauen nur verschleiert auf die Straße gehen dürfen oder – wie im Fall der früheren Taliban in Afghanistan – Mädchen nur bis zum Alter von zwölf Jahren eine Schule besuchen dürfen.

Ein Beispiel für eine Theokratie ist Iran. Dort gibt es zwar ein vom Volk gewähltes Parlament, doch die wahre Macht liegt bei der Geistlichkeit. Sie wählt denn auch den obersten religiösen Führer, der wiederum zumindest zur Hälfte einen Wächterrat ernennt, der alle Gesetze prüft.

Demokratische Systeme dagegen legen die staatliche Gewalt in die Hand des Volkes, weil sie auf dem Prinzip basieren, dass jedes Individuum frei über sich und seine Zukunft entscheiden kann. Das Volk ist also der Souverän, eine Idee, welche vor allem die englischen Philosophen Thomas Hobbes und John Locke entwickelt haben.

Der französische Denker Jean-Jacques Rousseau war der Meinung, dass diese Volkssouveränität nur in einer direkten Demokratie gewährleistet ist, wenn also die Bürger sich ihre Gesetze selbst geben. Der Engländer Edmund Burke dagegen zweifelte, dass die Menschen dazu fähig sind, und plädierte für die repräsentative Demokratie, bei der gewählte Vertreter den Willen des Volkes vertreten. Praktisch alle westlichen Demokratien sind – schon aus praktischen Gründen – repräsentativ.

Der Rechtsstaat und die Gewaltenteilung

Deutschland ist ein demokratischer und sozialer Rechtsstaat, das steht in Artikel 28 des Grundgesetzes. Von einem Rechtsstaat spricht man, wenn Recht und Staat in besonderer Weise miteinander verbunden sind. Ein Rechtsstaat muss immer eine Verfassung haben, die Staatsmacht muss getreu dem Prinzip der Gewaltenteilung auf verschiedene Organe verteilt sein, und der Staat darf seinen Bürgern nur mittels Gesetzen Vorschriften machen.

Der Rechtsstaat garantiert den Menschen also Rechtssicherheit und Gleichheit vor dem Gesetz. Der Rechtsstaat hat allerdings nicht nur die Gerechtigkeit für jeden Einzelnen, sondern auch das Gemeinwohl zum Ziel. »Wir haben Gerechtigkeit erwartet und den Rechtsstaat bekommen«, hat die Bürgerrechtlerin aus der ehemaligen DDR Bärbel Bohley einmal geklagt.

Die Idee des Rechtsstaats stammt aus dem 18. Jahrhundert, wenn auch die Altbabylonier bereits den ›Codex Hammurabi‹ hatten. »Darum lassen wir keinen einzelnen Menschen herrschen, sondern das Gesetz«, schrieb später Aristoteles. John Locke, der englische Philosoph, gilt als der Vordenker des Rechtsstaates während der Aufklärung, weil er gegen den Absolutismus vorging und forderte, die Macht des Staates durch die Gesellschaft einzugrenzen. Nach Locke schließen die Menschen, denen auf Grund ihrer Natur Menschenrechte zustehen, sich zusammen, um gemeinsam für den Schutz von Leben, Freiheit und Eigentum zu sorgen. Zudem übertragen sie einer Gruppe die Leitung des Staates, der dafür zuständig ist, diese Rechte sicherzustellen. Der Staat gründet laut Locke demnach nicht mehr auf einer göttlichen Verleihung oder Erbrecht, sondern auf einer Vereinbarung der Bürger.

Um den Missbrauch der Staatsgewalt einzudämmen, muss diese geteilt werden, wusste auch Locke. Die Idee der Gewaltenteilung hat der französische Jurist und Philosoph Charles de Montesquieu weiterentwickelt. »Dass die Macht die Macht in Schranken halte«,

Der Rechtsstaat und die Gewaltenteilung

Der Reichstag in Berlin.

lautete sein Wahlspruch. Er verlangte, dass die Staatsgewalt auf drei Säulen steht – im Gegensatz zum absolutistischen Verständnis der französischen Könige (»Ich bin der Staat«, hatte Ludwig XIV. gesagt). Diese drei Säulen sind:

- die »Exekutive«, damals also der Monarch
- die »Legislative«, bestehend aus zwei Kammern, einer vom Volk gewählten und einer aus Adelsmännern
- die »Judikative«, die von unabhängigen Richtern aus allen Ständen wahrgenommen werden sollte.

Die drei Staatsgewalten sollten sich gegenseitig kontrollieren, forderte Montesquieu.

Mit seiner Betonung der Freiheit des Menschen und der daraus folgenden Selbstbestimmung wurde der deutsche Philosoph Immanuel Kant zum Wegbereiter des bürgerlichen Rechtsstaates, der die Menschenwürde schützt und Freiheitsrechte garantiert. Kant sah den Zweck des Staates darin, dass dieser das Recht des Einzelnen im Interesse des Wohls aller Einzelnen durchsetzt – und forderte, dass selbst am Tag des Weltuntergangs auch der letzte Verbrecher noch bestraft werden müsse. Kant zufolge muss der Rechtsstaat einen Kompromiss schaffen zwischen größtmöglicher Freiheit des Einzelnen vor Eingriffen des Staates und größtmöglicher Sicherheit des Einzelnen durch den Staat.

Im 19. Jahrhundert trugen mehrere führende Juristen dazu bei, dass das Rechtsstaatsprinzip zum besonderen Merkmal des deutschen Staates wurde. In der Paulskirchenverfassung von 1849, die allerdings nie in Kraft trat, waren bereits Menschenrechte oder die Gewaltenteilung angedeutet. Ende des 19. Jahrhunderts entstanden auch wichtige Gesetzesbücher wie das Strafgesetzbuch oder das Bürgerliche Gesetzbuch, die in ihren Grundzügen noch heute gültig sind.

In der Bundesrepublik wurde das Rechtsstaatsprinzip um die soziale Komponente erweitert, das heißt, der Staat schafft nicht

---

Die sieben Grundprinzipien des deutschen Rechtsstaates

Verfassungsstaatlichkeit: Die Verfassung steht über allen anderen Gesetzen, ihre Einhaltung wird von unabhängigen Richtern gewährleistet.

Gewaltenteilung: Die Staatsgewalt wird auf drei Organe – Exekutive, Legislative und Judikative – verteilt.

Gesetzlichkeit: Der Staat regelt das Zusammenleben durch Gesetze.

Gesetzmäßigkeit der Verwaltung: Die Verwaltung darf nicht gegen Gesetze verstoßen.

Allgemeine Justizrechte: Alle Maßnahmen, die in die Rechte des Bürgers eingreifen, sind vor Gericht überprüfbar.

Willkürverbot: Der Bürger muss sich auf den Staat und seine Gesetze verlassen können.

Grundrechte: Sie garantieren dem Bürger eine Freiheitssphäre vor dem Staat.

nur Ordnung, sondern übernimmt auch die Verantwortung für die Schwächeren. Diese Prinzipien sind, zusammen mit weiteren wie der Volksgewalt oder der Aufteilung in Bundesländer in der Verfassung Deutschlands, dem Grundgesetz, festgeschrieben.

Das Grundgesetz

Nur zwei Telefone gab es auf der Insel, eines davon stand unter Kontrolle des Verwaltungsbeamten Anton Pfeiffer. Das Zusammentreffen der Mitglieder des Verfassungskonvents im alten Schloss auf der Insel Herrenchiemsee sollte möglichst ungestört verlaufen, pro Person und Tag war ein Liter Bier vorgesehen, vormittags wurde Bouillon serviert. Auf Herrenchiemsee kamen im August 1948 Abgesandte der Landtage der westlichen Besatzungszonen zusammen und legten den Grundstein für eine Verfassung der Bundesrepublik. In nur zwei Wochen entstand hier in Grundzügen das spätere Grundgesetz, das der Parlamentarische Rat am 8. Mai 1949 mehrheitlich annahm.

Zuvor hatten die drei westlichen Besatzungsmächte in London beschlossen, Deutschland als föderalen Staat wieder aufzubauen. Den Amerikanern war das Bundesstaaten-Modell vertraut, und die Franzosen hofften, dass ein föderales Deutschland weniger stark sein würde als ein zentrales.

In den »Frankfurter Dokumenten« vom 1. Juli 1948 forderten die Militärgouverneure die Ministerpräsidenten der Länder auf, eine Versammlung einzuberufen, die eine Verfassung ausarbeiten sollte. Doch die Länderchefs zeigten sich gar nicht begeistert – aus Furcht, mit einem westdeutschen Staat die Teilung Deutschlands zu zementieren. Nach vielen, langen Verhandlungstagen stimmten sie doch zu, mit der Auflage, dass die Verfassung »Grundgesetz« heißen solle, um die Vorläufigkeit des Dokuments zu verdeutli-

Volksvertreter bei der Ausarbeitung des Grundgesetzes, Schloss Herrenchiemsee, 1948.

chen. Fast 60 Jahre später zeigt sich: Dieses Grundgesetz hat sich als äußert langlebig erwiesen – sowohl die Versammlung auf Herrenchiemsee als auch die »Väter und Mütter des Grundgesetzes«, die Mitglieder des Parlamentarischen Rates also, haben gute Arbeit geleistet.

Das Grundgesetz, das über allen anderen Gesetzen steht, beginnt mit der Präambel: »Im Bewusstsein seiner Verantwortung vor Gott und den Menschen, von dem Willen beseelt, als gleichberechtigtes Glied in einem vereinten Europa dem Frieden der Welt zu dienen, hat sich das Deutsche Volk kraft seiner verfassungsgebenden Gewalt dieses Grundgesetz gegeben.«

Es folgen in Artikel 1 bis 19 die Grundrechte. Sie legen fest, welche Rechte jeder Mensch besitzt – etwa die Gedanken- und Religionsfreiheit. Andere Rechte stehen nur deutschen Bürgern zu, zum Beispiel die Freiheit, sich jederzeit zu versammeln, das Recht zu wählen oder einen Beruf der Wahl auszuüben. Bewusst steht als erstes Recht die Menschenwürde, die unter der Herrschaft der Nationalsozialisten mit den Füßen getreten worden war. Im Gegensatz zu der Weimarer Verfassung, in der die Grundrechte nur Staatsziele waren, sind diese nun wichtigste Grundlage des Grundgesetzes.

In weiteren Artikeln sind die Staatsprinzipien festgeschrieben: Die wichtigsten sind Demokratie, Rechtsstaatlichkeit, Sozialstaatlichkeit, Föderalismus und Gewaltenteilung. Zudem legt das Grundgesetz die politische Ordnung der Bundesrepublik fest – also wie die Bürger wählen, welche Rolle Parteien spielen oder wie die Macht zwischen Bund und Ländern verteilt ist. Das Bundesverfassungsgericht wacht darüber, dass das Grundgesetz eingehalten wird, und entscheidet im Streitfall, wie es ausgelegt werden muss.

Seit 1949 ist das Grundgesetz mehrfach geändert worden. Zum ersten Mal geschah dies 1956, weil damals die neu gegründete Bundeswehr und die Wehrpflicht in der Verfassung festgeschrieben werden mussten. Eine weitere wichtige Reform waren 1968 die von der damaligen »großen Koalition« verabschiedeten Notstandsgesetze.

Nach der Wiedervereinigung entschied man, das Grundgesetz mit einigen Änderungen beizubehalten. Gemäß dem damaligen Artikel 23 traten die neuen Länder deshalb dem Geltungsbereich des Grundgesetzes bei. 1992 wurde die Mitgliedschaft in der Europäischen Union verfasst, 1994 der Umweltschutz, 2002 der Tierschutz als Staatsziele aufgenommen. Umstritten war die Einschränkung des Grundrechts auf Asyl und der große Lauschangriff, beide sind vom Bundesverfassungsgericht bestätigt worden.

Politische Parteien

In einer Demokratie soll die Staatsgewalt vom Volk ausgehen. Wenn 80 Millionen Menschen in einem Land leben, ist es allerdings nicht möglich, dass alle sich direkt an der Regierung beteiligen. Sie können deshalb, abgesehen von der Teilnahme an Wahlen, auf andere Weise ihre Meinungen und Interessen durchsetzen – durch die Mitgliedschaft in Verbänden, Bürgerinitiativen oder Parteien.

Da die Parteien Kandidaten für Kommunal-, Landtags- oder Bundestagswahlen aufstellen, ist ihr Einfluss in der Politik besonders groß. Das ist auch so gewollt; Artikel 21 des Grundgesetzes macht die Bedeutung der Parteien klar: »Die Parteien wirken bei der politischen Willensbildung des Volkes mit.«

Anders als Verbände, welche bestimmte Gruppen wie Unternehmer, Grubenarbeiter oder Lehrer vertreten, müssen Parteien bestimmte Regeln befolgen. Sie dürfen nicht nur die Interessen ihrer Mitglieder vertreten, sondern müssen ein politisches Programm haben, das – mit Ausnahme freier Wählergemeinschaften in Kommunen – Stellung zu den wesentlichen Politikbereichen nimmt. Parteien unterscheiden sich von Verbänden auch insofern, als dass sie an Parlamentswahlen teilnehmen.

Eine Partei muss auch demokratisch organisiert sein, und sie muss sich zum Grundgesetz bekennen. Ansonsten kann sie – wie etwa die Kommunistische Partei Deutschland KPD 1956 – verboten werden.

Die ersten Parteien gab es im englischen Parlament um 1690. »Whig« und »Tory« definierten damals zunehmend eine politische Richtung; seit etwa 1830 wurden Parteien in England erstmals auch vollständig mit Regierung und Opposition in Verbindung gebracht. In Deutschland sind die ersten Parteien zur Zeit der Revolution von 1848 entstanden. In den Jahren danach bildeten sich vier politische Hauptrichtungen heraus: die konservativen Partei-

Politische Parteien

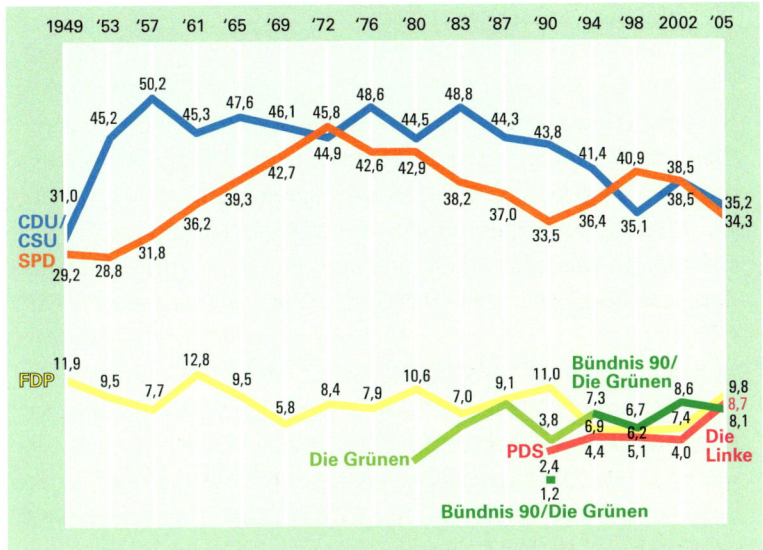

Anteil an Zweitstimmen der fünf im aktuellen Bundestag vertretenen Parteien seit 1949.

en, die bürgerlich-liberalen, das Zentrum und die Sozialdemokraten, von denen sich 1919 die kommunistische Partei abspaltete.

Zentral für die Politik wurden die Parteien, als nach dem Ersten Weltkrieg das Kaiserreich abgeschafft wurde, eine parlamentarische Demokratie entstand und das allgemeine Wahlrecht eingeführt wurde. Weil in der Weimarer Republik ein Verhältniswahlrecht galt, zersplitterte sich die Parteienlandschaft. In der Bundesrepublik zog man daraus die Lehre, Parlamentarier nach einer Mischung aus Mehrheits- und Verhältniswahlrecht wählen zu lassen. Parteien müssen zudem mindestens fünf Prozent der Stimmen (»Fünf-Prozent-Klausel«) oder drei Direktmandate auf sich vereinen, um überhaupt Abgeordnete ins Parlament entsenden zu dürfen.

Die Nationalsozialisten verboten alle Parteien außer der eigenen NSDAP und verfolgten teilweise die Mitglieder der sozialdemokratischen und kommunistischen Partei. Nach dem Krieg ließen die Besatzungsmächte diese Parteien wieder zu. Die Sozialdemokraten (SPD) in der östlichen Besatzungszone wurden später mit der Kommunistischen Partei zur Sozialistischen Einheitspartei Deutschlands (SED) zwangsvereinigt.

Neu war die Christlich-Demokratische Union (CDU), die den Platz der Zentrumspartei und anderer konservativer und liberaler Parteien einnahm. Sie bildet nun eine Fraktionsgemeinschaft mit der Christlich-Sozialen Union (CSU), welche nur in Bayern antritt. Liberale Politiker sammelten sich in der Freien Demokratischen Partei (FDP).

Wegen der Fünf-Prozent-Klausel verringerte sich in den 50er Jahren die Zahl der Parteien auf die drei großen. Erst in den 70er Jahren erwuchsen aus den Friedens- und Umweltinitiativen die Grünen, die 1983 eine Bundespartei gründeten. Diese vierte Kraft schloss sich nach der Wiedervereinigung mit Bündnis 90/die Grünen zusammen, die aus der Bürgerrechtsbewegung der ehemaligen DDR und den ostdeutschen Grünen entstanden war.

In den letzten Jahren sind, wie bereits während der wirtschaftlichen Rezession der 60er Jahre, die rechtsextremen Parteien erstarkt. Die Nationaldemokratische Partei Deutschlands NPD konnte in mehrere Landtage einziehen, weil sie Bündnisse mit der Deutschen Volksunion DVU eingegangen war.

Die Parteien finanzieren sich über Mitgliedsbeiträge, Spenden sowie von der Zahl der Wählerstimmen abhängige Zuschüsse vom Staat. Letztere wurden eingeführt, damit die Parteien nicht abhängig von den Spenden großer Verbände oder Unternehmen werden, so wie es in den USA der Fall ist, und auch nicht Anspruch auf bestimmte Ämter erheben.

Spenden müssen deklariert werden, dennoch versuchen Parteien immer wieder dies zu umgehen. Die »Flick-Spendenaffäre« von 1977 etwa hatte die Verflechtung von Wirtschaft und Politik deutlich gemacht. Zwei FDP-Minister hatten das Unternehmen Flick von der Steuerzahlung auf den Verkauf von Aktien befreit – gegen

Zahlung einer hohen Spende an die Partei. 1999 wurde bekannt, dass der frühere Bundeskanzler Helmut Kohl private Spenden für die CDU entgegengenommen und nicht deklariert hatte. Kohl weigerte sich, unter Berufung auf sein Ehrenwort, die Spender zu nennen. Seiner Partei wurde deshalb die Wahlkampfkostenerstattung gesperrt.

In den letzten zehn Jahren hat die Zahl der Parteimitglieder rapide abgenommen: Nur noch etwa vier Prozent der wahlberechtigten Bundesbürger sind Mitglieder einer Partei. Viele Menschen trauen den Parteien nicht mehr zu, die großen gesellschaftlichen Probleme wie die Arbeitslosigkeit zu lösen, man spricht auch von Parteienverdrossenheit.

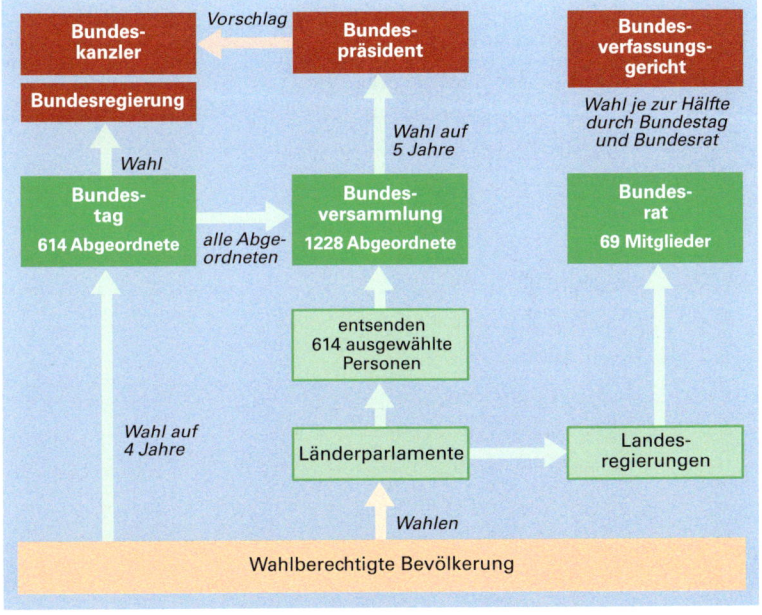

Die Verfassungsorgane der Bundesrepublik.

Politische Institutionen der Bundesrepublik

Der »Bundestag« nimmt eine zentrale Stellung ein, weil er allein direkt vom Volk gewählt wird. Er bestimmt über die Zusammensetzung der anderen Institutionen mit, Ausnahme ist der Bundesrat, der nur aus Ländervertretern besteht. Der Bundestag besteht derzeit aus 614 Abgeordneten, die in der Regel alle vier Jahre gewählt werden. Das Wahlsystem ist eine Mischung aus Verhältniswahl und Mehrheitswahl.

Jeder Wähler hat zwei Stimmen. Mit der »Erststimme« wählt er einen Kandidaten aus seinem Wahlkreis nach dem Mehrheitswahlprinzip, das heißt, der Kandidat mit den meisten Stimmen zieht in den Bundestag ein. Mit der »Zweitstimme« wird gemäß des Verhältniswahlprinzips die Liste einer Partei gewählt, das heißt, die Sitze werden entsprechend der auf die Parteien entfallenden Stimmen vergeben. Eine Partei zieht in den Bundestag ein, wenn sie mindestens drei Direktmandate oder fünf Prozent der Stimmen errungen hat.

Die Abgeordneten sollen möglichst unabhängig ihrer Arbeit nachgehen. Sie dürfen Zeugnis verweigern, um Informanten zu schützen, sie genießen besonderen Rechtsschutz vor Strafverfolgung (»Immunität«), und sie dürfen wegen ihres Abstimmungsverhaltens nicht gerichtlich verfolgt werden (»Indemnität«). Nach dem Grundgesetz sind Abgeordnete nur ihrem Gewissen verpflichtet, in der Praxis müssen sie jedoch häufig mit ihrer Fraktion, das heißt den Abgeordneten ihrer Partei, stimmen. Die Hauptarbeit des Bundestags geschieht in den Ausschüssen, wo die Details der Gesetze vorbereitet werden. Innerhalb der Fraktionen herrsch Arbeitsteilung, das heißt die Abgeordneten spezialisieren sich auf bestimmte Arbeitsgebiete.

Der Bundestag wählt den Bundeskanzler. Das Parlament stellt außerdem die Hälfte der Mitglieder in der »Bundesversammlung«, welche den Bundespräsidenten wählt. Die andere Hälfte wird durch die Landtage bestimmt. Außerdem wählen die Abgeordneten die Hälfte der Mitglieder des Bundesverfassungsgerichts, die andere Hälfte wird vom Bundesrat gewählt.

Die wichtigste Aufgabe des Bundestages ist es, Gesetze zu verabschieden. Die Abgeordneten haben das Recht, Vorlagen für Gesetze einzubringen. Diese werden in den zuständigen Ausschüssen beraten und im Plenum debattiert. Die Verabschiedung eines Gesetzes geschieht in drei »Lesungen«, wobei die erste Lesung im Plenum stattfindet. Nach der Arbeit in den Ausschüssen werden während der zweiten Lesung Änderungen diskutiert. Die dritte Lesung besteht aus der umfassenden Diskussion und der Abstimmung über den Gesetzesvorschlag ebenfalls im Plenum. Im Rahmen der Gesetzgebung stimmt der Bundestag auch über den jährlichen Bundeshaushalt ab. Weil es um die Verteilung von Milliarden von Euro geht, ist das Haushaltsgesetz zentral für die politische Arbeit der Regierung und eben für den Bundestag.

Der Bundestag ist außerdem – gemäß dem Prinzip der Gewaltenteilung – dafür zuständig, die Regierung zu kontrollieren. Da die Abgeordneten in politischen Parteien organisiert sind und die Mehrheit des Parlaments die Regierung stützt, trägt die Opposition naturgemäß den Hauptanteil der parlamentarischen Kontrolle und Kritik. Dafür kann sie Anfragen an die Regierung richten, »aktuelle Stunden« oder – bei schwerwiegender Kritik an der Regierung – einen Untersuchungsausschuss beantragen. Verliert eine Regierung das Vertrauen der Parlamentsmehrheit, tritt sie entweder zurück oder wird durch ein konstruktives Misstrauensvotum gestürzt. Der Bundeskanzler kann seinerseits auch die Vertrauensfrage stellen – eine Möglichkeit, Neuwahlen zu erzwingen. Ex-Kanzler Gerhard Schröder hat dies 2005 getan, um die Pattsituation zwischen Bundestag und Bundesrat aufzulösen.

Der »Bundesrat« ist die Vertretung der Länder, seine Mitglieder sind Ministerpräsidenten oder Minister der Landesregierungen. Jedes Land besitzt zwischen drei und sechs Stimmen, abhängig von der jeweiligen Bevölkerungszahl. Der Bundesrat wirkt an den Ge-

Bundeskanzler

Konrad Adenauer 1949–1963
Ludwig Erhard 1963–1966
Kurt Georg Kiesinger 1966–1969
Willy Brandt 1969–1974
Helmut Schmidt 1974–1982
Helmut Kohl 1982–1998
Gerhard Schröder 1998–2005
Angela Merkel seit 2005

setzen mit; Gesetzesvorlagen, welche die Verwaltung oder Finanzen betreffen, muss er zustimmen. Bei Gesetzen, die wie auswärtige Angelegenheiten oder Verteidigung die Länder nicht direkt betreffen, kann er nur Einspruch erheben. Kultur, Schulen oder Medien wiederum liegen in der alleinigen Zuständigkeit der Länder.

Die »Bundesregierung« besteht aus »Bundeskanzler« und »Ministern«, die zusammen das »Kabinett« bilden. Der Kanzler wird vom Bundestag gewählt, die Minister werden auf seinen Vorschlag hin vom Bundespräsidenten ernannt. Der Kanzler ist verantwortlich für das Handeln der Regierung (»Richtlinienkompetenz«) und trägt dafür die alleinige Verantwortung vor dem Parla-

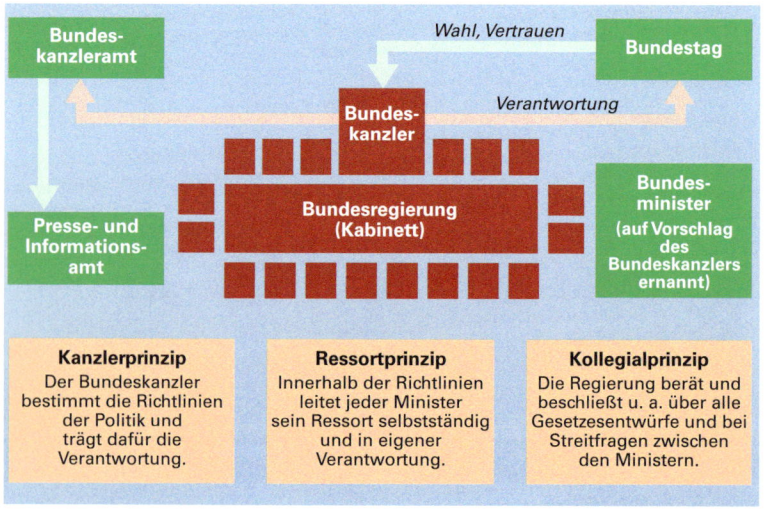

Die Bundesregierung

ment. Die Regierung setzt im Prinzip den politischen Willen der Mehrheit der Abgeordneten in praktische Politik im Inneren um und gestaltet zudem die auswärtigen Beziehungen des Staates. Sie ist dafür verantwortlich, dass die Gesetze ausgeführt werden.

Der »Bundespräsident« wird von der Bundesversammlung gewählt. Er ist das Staatsoberhaupt und ernennt die Bundesregierung. Außerdem unterzeichnet er die Gesetze. Die Stellung des Bundespräsidenten ist allerdings weitaus weniger mächtig als noch während der Weimarer Republik. Damals war der Bundespräsident eine Art Ersatzkaiser mit weitreichenden Befugnissen, heute kann er aus eigenem Recht weder den Bundestag auflösen noch einen Kanzler ernennen. Er nimmt eher repräsentative Aufgaben wahr.

Bundespräsidenten

Theodor Heuss 1949–1959
Heinrich Lübke 1959–1969
Gustav Heinemann 1969–1974
Walter Scheel 1974–1979
Carl Carstens 1979-1984
Richard von Weizsäcker 1984–1994
Roman Herzog 1994–1999
Johannes Rau 1999–2005
Horst Köhler seit 2005

Das »Bundesverfassungsgericht« gilt als »Hüter der Verfassung«, es entscheidet, ob Gesetze mit dem Grundgesetz vereinbar sind. Bürger, die ihre Grundrechte als verletzt ansehen, können – nachdem sie alle anderen Rechtswege durchlaufen haben, das Bundesverfassungsgericht anrufen. Dieses entscheidet zudem, wenn es Streit zwischen Bundesorganen gibt. Das Gericht besteht aus zwei Senaten mit jeweils acht Richtern. Sie werden mit Zweidrittelmehrheit jeweils zur Hälfte vom Bundestag und Bundesrat gewählt. Das soll garantieren, dass die Richter möglichst unabhängig sind. In der Realität sprechen die Parteien sich allerdings vor der Wahl über die möglichen Kandidaten ab.

Beispiel für ein konkretes Politikfeld: Umweltpolitik

Wie wird Politik eigentlich gemacht? Im Prinzip über Gesetze. Wie allerdings Gesetze zustande kommen, ist zuweilen schwer durchschaubar, weil neben den eigentlichen Akteuren der Politik – vor allem den Abgeordneten und Ministern – auch andere Personen Einfluss nehmen, was in einer Demokratie ja durchaus gewollt ist.

Womit die Bundesrepublik ihren Energiebedarf deckt oder wie viel schmutziges Abwasser in die Flüsse gelangen darf, sind Fragen, die seit ein paar Jahrzehnten besonders brisant sind. »Umwelt und Energie« bilden ein relativ neues Politikfeld, an dem sich gut nachvollziehen lässt, welchen Mechanismen Politik unterliegt.

Die Entstehung einer eigenen Umweltpolitik in den 70er Jahren war eng verknüpft mit einem wachsenden Umweltbewusstsein, das seinerseits die Reaktion auf zunehmende Umweltprobleme war. Man kann dabei die Entwicklung in vier Phasen einteilen:

1. Etablierung in den frühen 70er Jahren: Entgegen einer verbreiteten Meinung waren es nicht Bürgerinitiativen, die das Thema Umwelt entdeckten, sondern die sozialliberale Regierung unter Willy Brandt. Nachdem vor allem in den USA über Umweltschäden durch zu schnelles Wirtschaftswachstum diskutiert wurde, verabschiedete die Koalition 1970 ein Sofortprogramm zum Umweltschutz, später ein Umweltprogramm. Daraus erwuchs auch in der breiten Bevölkerung ein Interesse an dem Thema. Es entstanden der Sachverständigenrat und das Umweltbundesamt. Die Länder beriefen Umweltminister, auch die Vereinten Nationen nahmen sich des Themas an: 1972 wurde bei einer internationalen Umweltkonferenz die saubere Umwelt als grundlegendes Menschenrecht anerkannt.

2. Abschwung Mitte der 70er Jahre: Die Ölkrise von 1973/74 rückte die wirtschaftlichen Probleme in den Vordergrund, es war die

Rede vom »Jobkiller Umweltschutz«. Aus Enttäuschung über die Untätigkeit der Regierung gründeten sich zahlreiche Umweltgruppen und Bürgerinitiativen.

3. *Verfestigung in den 80er Jahren*: Durch den Druck der engagierten Bürger und vor allem durch die Gründung der Partei der Grünen 1983 kam das Thema wieder auf die politische Tagesordnung, es wurden wichtige Gesetze zur Luftreinhaltung erlassen. Eine Kommission der Vereinten Nationen unter Leitung der norwegischen Politikerin Gro Harlem Brundtland machte die globalen Umweltprobleme deutlich: 20 Prozent der Weltbevölkerung in den Industrieländern verbrauchten damals vier Fünftel der nicht regenerierbaren Rohstoffe und erzeugten denselben Anteil an Abfall. Ein wichtiges Thema in Deutschland war auch das Waldsterben. Das befürchtete großflächige Absterben von Bäumen ist allerdings, auch wegen Investitionen in die Luftreinhaltung und Waldsanierung, ausgeblieben.

4. *Modernisierung*: Nur fünf Wochen nach dem Reaktorunfall von Tschernobyl 1986 gründete die Regierung unter Bundeskanzler Helmut Kohl das Bundesumweltministerium, um dem Thema Umwelt mehr Gewicht zu geben. Man erkannte auch allmählich, dass es sinnvoller ist, die Entstehung von Umweltschäden im Ansatz zu vermeiden (Stichwort: Nachhaltige Entwicklung) als diese im Nachhinein zu beheben. Ein Instrument hierfür ist die Umweltverträglichkeitsprüfung, die seit 1990 gesetzlich vorgeschrieben ist und mit der man bereits bei der Planung von Bauten oder Projekten mögliche Umweltschäden abschätzt.

Inzwischen sind Luft, Wasser und Erde zumindest in den Industriestaaten sehr viel sauberer als noch vor 30 Jahren. In den Schwellenländern kommt es allerdings immer wieder zu Umweltkatastrophen, etwa die Verseuchung des chinesischen Flusses Songhua Ende 2005, dessen Giftteppich sich bis nach Russland ausbreitete. Weitgehend ungelöst sind jedoch zwei wesentliche Fragen: die Klimaerwärmung und die begrenzten Energieressourcen.

> **Waldzustandsbericht**
>
> Ende der 70er Jahre zeigten sich vor allem an Nadelbäumen deutliche Schäden: Die Kronen lichteten sich, im Schwarzwald und Erzgebirge starben ganze Waldstriche ab. Als Konsequenz werden seit 1984 systematisch Daten über Bäume gesammelt, die das Bundeslandwirtschaftsministerium jährlich als »Waldzustandsbericht« herausgibt. Inzwischen ist klar, dass nicht nur Schwefel in Form von saurem Regen den Bäumen zusetzt, sondern auch Trockenheit, Wildverbiss und Schädlinge die Wälder massiv schädigen.
> Die Daten für den Waldzustandsbericht werden als Stichproben in einem Raster von 16 mal 16 Kilometern erhoben. Insgesamt werden etwa 14 000 Bäume Jahr für Jahr auf Nadel- oder Blattverlust und Vergilbung untersucht und in fünf Schadstufen eingeteilt. Laut Bericht von 2004 gehören 31 Prozent – also fast ein Drittel des Waldes – in die Schadstufen zwei bis vier (erhebliche Schäden). Im Vorjahr waren es nur 23 Prozent. Nur knapp jeder dritte Baum gilt als völlig gesund. Vor allem bei Fichten und Buchen haben die Schäden deutlich zugenommen.

Seit 1885 ist die Durchschnittstemperatur auf der nördlichen Halbkugel um etwa ein Grad Celsius gestiegen. Man vermutet, dass Kohlendioxid, das bei der Verbrennung von fossilen Brennstoffen entsteht, Hauptverursacher der globalen Erwärmung ist. Im Protokoll von Kyoto von 1997 haben sich viele Staaten darauf geeinigt, bis 2012 ihren entsprechenden Ausstoß um gut fünf Prozent gegenüber 1990 zu senken, die Fortschritte sind allerdings mäßig.

Durch den Irak-Krieg im Jahr 2003 sind die Ölpreise stark angestiegen. Dadurch ist eine Diskussion über die Zukunft der Atomenergie in Gang gekommen. In Deutschland hat die rot-grüne Koalition 2000 den Ausstieg aus der Atomenergie beschlossen, bis zum Jahr 2032 sollen alle Kernkraftwerke abgeschaltet sein. Dieser Ausstieg wird wegen der hohen Ölpreise, aber auch wegen der schwer erreichbaren Klimaziele inzwischen wieder vor allem von Unionspolitikern in Frage gestellt. Etliche Industrienationen, wo ebenfalls seit Jahrzehnten keine neuen Kernkraftwerke gebaut worden sind, planen neue Atommeiler. Ungelöst ist allerdings weltweit die Frage nach einem geeigneten Endlager für den strahlenden Abfall.

Der Sozialstaat

»Die Bundesrepublik Deutschland ist ein demokratischer und sozialer Bundesstaat« – so legt es das Grundgesetz fest. Mehr garantiert es nicht. Es gibt zum Beispiel keine sozialen Grundrechte oder ein Recht auf Arbeit. Weil das Grundgesetz auch die Nutzung des Privateigentums an das Gemeinwohl bindet (»Eigentum verpflichtet. Sein Gebrauch soll zugleich dem Wohle der Allgemeinheit dienen.«), behält sich der Staat das Recht vor, umverteilend in das Wirtschaftsleben einzugreifen. Deshalb wird unser Wirtschaftssystem als »soziale Marktwirtschaft« bezeichnet.

Der soziale Staat hat zwei Ziele: erstens die Existenz seiner Bürger zu sichern, das heißt, ihnen in materiell schwierigen Lagen zuhilfe zu kommen. Zweitens soll der soziale Ausgleich dazu dienen, die Chancengleichheit zu gewähren.

Die Idee des Sozialstaates geht auf das 19. Jahrhundert zurück. Zwar gab es bereits in der Antike und im Mittelalter Versuche von Staat und Kirche, die materielle Not der Bürger zu lindern. In großem Maßstab geschah das aber erst im 19. Jahrhundert, in Deutschland mit der Einführung von Renten-, Kranken- und Unfallversicherung durch den Reichskanzler Otto von Bismarck in den 80er Jahren. Damals waren Hunderttausende infolge der industriellen Revolution verelendet.

Durch die Umverteilung sollten Arme und Schwache eine elementare Grundsicherung erhalten, zugleich sollte der soziale Ausgleich aber die Arbeiter auch von Protesten abhalten und Revolutionen verhindern. Nach dem Ersten Weltkrieg kam der Schwerbeschädigtenschutz dazu, 1927 wurde die Arbeitslosenversicherung eingeführt.

Neben diesen Versicherungen gibt es heute spezielle Rechtsansprüche für bestimmte Bevölkerungsgruppen: Die Beamtenversorgung etwa garantiert den Staatsdienern Pensionen und Beihilfe im Krankheitsfall. Eltern haben ein Anrecht auf Kindergeld. Diese Zahlungen funktionieren nach dem Versorgungsprinzip. Darüber hinaus gilt das Fürsorgeprinzip des Staates, der im Fall individueller Notlagen einspringt. Wer etwa keinen Anspruch mehr auf Arbeitslosengeld hat, erhält Sozialhilfe. Auch die Jugendhilfe oder das Wohngeld fallen in diese Kategorie.

Die Sozialversicherungen sind Pflichtversicherungen, das heißt, alle Beschäftigten müssen sich bis zu einer gewissen Einkommensgrenze gegen Arbeitslosigkeit und Krankheit versichern sowie Beiträge für ihre Renten oder den Fall einer Pflege zahlen. Die Beiträge zu diesen Versicherungen werden zur Hälfte von den Beschäftigten und zur Hälfte vom Arbeitgeber gezahlt. Insgesamt macht die Sozialversicherung inzwischen knapp 42 Prozent der Lohnnettokosten aus, die zur Hälfte von Arbeitnehmer und Arbeitgeber getragen werden. Für jeden Euro Lohn, den ein Unternehmer zahlt, muss er also zusätzlich 21 Cent an Lohnnebenkosten drauflegen.

Das System arbeitet nach dem »Solidarprinzip«, das heißt: Alle zahlen in eine gemeinsame Kasse ein, aus der die Bedürftigen eine Leistung erhalten. Bei der Rentenversicherung ist es anders – sie basiert auf dem »Generationenvertrag«. Die heute Arbeitenden zahlen für die gegenwärtigen Rentner, da diese für die vorhergehende Generation gezahlt haben. Das Modell wurde zu Beginn des 20. Jahrhunderts entwickelt, als man sich noch nicht vorstellen konnte, dass die Geburtenrate einmal bei 1,3 Kindern pro Frau liegen würde.

Auch in den 60er Jahren stiegen die Renten kräftig, Adenauer selbst (»Kinder kriegen die Leute sowieso«) hat die Steigerung befürwortet. Unklar ist, wie in Zukunft die Renten finanziert werden

Der Sozialstaat **99**

Entwicklung der Sozialleistungen in der Bundesrepublik Deutschland seit 1960 (in Prozent des Bruttoinlandprodukts).

sollen. Inzwischen wird diskutiert, dass Arbeitnehmer länger als bis 65 Jahre arbeiten müssen, auch fördert der Staat inzwischen eine private, zusätzliche Altersversorgung.

Die Krankenversicherung ist ebenfalls kaum noch zu finanzieren. Die Medizin macht zwar Fortschritte, und heute sind Behandlungen möglich, von denen man vor zehn, zwanzig Jahren nur träumen konnte. Viele Therapien sind jedoch teuer, und die Krankenkassen häufen Jahr für Jahr Defizite an.

Verschärft hat sich die Lage der Sozialsicherungssysteme, weil immer mehr Menschen arbeitslos sind und der Staat teilweise für ihre Beiträge aufkommen muss. Zudem muss er Arbeitslosengeld (die Versicherungsleistung) und Arbeitslosenhilfe (eine Fürsorgeleistung für Arbeitslose, die zuvor Arbeitslosengeld erhalten haben) zahlen. Andererseits klagen die Arbeitgeber über zu hohe Beiträge, die für sie in Form von Lohnnebenkosten anfallen – was eine Art Teufelskreis erzeugt: Die Lohnnebenkosten steigen, weil immer weniger Beschäftigte immer mehr Menschen unterstützen müssen.

Wegen der steigenden Kosten aber wird die Arbeit immer teurer, die Unternehmen stellen immer weniger Arbeitnehmer ein.

Im Fall der Arbeitslosenhilfe hat die rot-grüne Regierung die Notbremse gezogen und 2002 eine Kommission unter Leitung des damaligen VW-Personalvorstands Peter Hartz einberufen. Diese hat Maßnahmen vorgeschlagen, um die Arbeitsmarktpolitik effizienter zu gestalten, die Agentur für Arbeit zu reformieren und nicht zuletzt die Leistungen zu kürzen. Die wichtigste dieser Reformen trat am 1. Januar 2005 in Kraft: Unter dem Stichwort »Arbeitslosengeld II« sind seitdem Sozialhilfe und Arbeitslosenhilfe zusammengelegt. Langzeitarbeitslose erhalten damit weitaus weniger Unterstützung als bisher und sollen so motiviert werden, auch einen schlechter bezahlten Job anzunehmen. Unklar ist allerdings, wo diese Jobs entstehen sollen und ob die »Hartz-IV«-Reform tatsächlich Geld spart.

Krieg und Frieden

Seit 1945 herrscht in Deutschland Frieden. Nach dem Zweiten Weltkrieg wurde das Land demilitarisiert, und viele Deutsche waren gegen eine Wiederbewaffnung. Doch 1955, als sich die Teilung in Ost- und Westdeutschland verfestigte und der Westen sich von der Sowjetunion bedroht fühlte, gründete die Bundesrepublik die Bundeswehr und trat dem Nordatlantischen Militärbündnis NATO bei. Der Ost-West-Konflikt hat sich entschärft, doch die Krisenherde auf der Erde bleiben zahlreich. Globalisierung und Terrorismus haben ganz andere Konflikte erzeugt, die nach neuen Militärstrategien verlangen.

Die Bundeswehr ist eine Verteidigungsarmee aus Wehrpflichtigen, die nur für die Friedenssicherung eingesetzt wird. Ihr Oberbefehlshaber ist der Bundesverteidigungsminister – ein Politiker also, kein Soldat – und sie wird vom Bundestag kontrolliert. Seitdem der Warschauer Pakt zusammengebrochen und Deutschland wieder vereinigt ist, strebt die Bundesrepublik und mit ihr die Bundeswehr eine international stärkere Rolle an. Sie engagiert sich bei Friedensmissionen der Vereinten Nationen oder der NATO. Voraussetzung ist, dass der Bundestag einem Einsatz zustimmt. Der erste bewaffnete Einsatz führte Bundeswehrsoldaten nach Bosnien-Herzegowina, danach waren sie im Kosovo, in Mazedonien und Afghanistan. Eine Beteiligung am Irak-Krieg lehnte die rot-grüne Koalition ab.

Heute wird Deutschland nicht mehr von einer starken Sowjet-Armee bedroht, die ihre SS-20-Raketen auf Berlin oder Frankfurt gerichtet hat. Die Gefahren liegen vielmehr in Angriffen unberechenbarer Staaten wie Iran oder von Terrorgruppen wie al-Qaida. Die Friedensmissionen erfordern zudem, dass Soldaten heute anders ausgebildet und ausgerüstet sind als früher. Die Bundeswehr muss sich daher, wie viele andere Armeen, »transformieren«. Sie muss kleiner, flexibler und leistungsfähiger werden. Das bedeutet insbesondere, dass Bodentruppen, Luftwaffe und Marine stärker zusammenarbeiten, dass es Einheiten gibt, die schnell einsetzbar sind, und dass moderne Waffensysteme angeschafft werden.

Diese Transformation bringt eine Reihe von Problemen mit sich: Sie kostet erstens zunächst viel Geld. Zweitens müssen manche Standorte geschlossen werden, was für die betroffenen Städte wirtschaftliche Schwierigkeiten bedeutet. Drittens stellt sich die Frage, ob eine solche Armee nicht besser von Berufssoldaten als von Wehrpflichtigen gestellt wird.

Vor ähnlichen Problemen steht auch die NATO. Die »North Atlantic Treaty Organization« wurde 1949 als Verteidigungsbündnis gegen die Bedrohung durch die Sowjetunion gegründet. Diese Bedrohung ist der NATO abhanden gekommen, dagegen müssen die 26 NATO-Mitgliedsstaaten mit anderen Risiken fertig werden: Der ungelöste Konflikt zwischen Israel und den Palästinensern nährt den militanten Islamismus; Überbevölkerung, Massenarmut

Französische UN-Blauhelm-Truppen in Bosnien-Herzegowina, 1992.

und Migration vor allem in Afrika führen dort zu sozialen Spannungen; auch ethnische Konflikte brechen immer wieder auf, etwa der Krieg zwischen den Volksgruppen der Hutsi und Tutu in Ruanda und Burundi.

Die NATO hat es sich – zusätzlich zur Erweiterung nach Osten und der Unterstützung osteuropäischer Länder bei der Demokratisierung und Modernisierung ihrer Armeen – zur Aufgabe gemacht, Konflikte auch außerhalb ihres Territoriums zu bewältigen und den Frieden zu sichern. Zum Beispiel hat sie Luftangriffe gegen Jugoslawien im Kosovo-Krieg geflogen. Wegen der veränderten Bedrohung baut die NATO derzeit eine Eingreiftruppe auf, die »NATO Response Force«, die nach einem Rotationsprinzip organisiert ist und an der auch deutsche Soldaten beteiligt sein werden.

Dem Weltfrieden verpflichtet haben sich auch die Vereinten Nationen (UN). Die Organisation, die 1945 als Reaktion auf den Zweiten Weltkrieg gegründet wurde, hat bisher etwa 50 Friedensmissionen unternommen. Dabei versucht die UN durch Diploma-

> **UN-Missionen**
>
> Derzeit sind etwa 64 000 UN-Soldaten (»Blauhelme«) und Polizisten für 17 Missionen der Vereinten Nationen im Einsatz, die meisten von ihnen stammen aus Schwellen- und Entwicklungsländern wie Indien oder Ghana. Bis Ende 2005 haben 2226 Angehörige von UN-Friedensmissionen ihr Leben während des Einsatzes verloren, davon 1789 Soldaten, darunter acht Deutsche. Mit sieben Einsätzen sind die Blauhelme derzeit in Afrika präsent, darunter im Kongo und Sudan. Die einzige Friedensmission auf dem amerikanischen Kontinent findet auf Haiti seit 2004 statt. In Asien laufen drei Missionen, darunter seit 2001 »ISAF« in Afghanistan. In drei europäischen Regionen sichern UN-Soldaten den Frieden: seit 1964 an der Grenze zwischen dem türkischen und griechischen Teil von Zypern, seit 1993 in Georgien sowie im Kosovo (seit 1999). Im Nahen Osten sind Blauhelme in Syrien, Israel und Libanon stationiert.

tie den Ausbruch von Konflikten zu verhindern, sie vermittelt zwischen feindlichen Parteien. Wenn es dennoch zu bewaffneten Konflikten kommt, kann die UN im Rahmen von Friedensmissionen Soldaten (wegen der Farbe ihrer Helme »Blauhelme« genannt) entsenden – vorausgesetzt, der UN-Sicherheitsrat hat dem zugestimmt.

Bei den friedenssichernden Missionen (*peace keeping*) überwachen die Blauhelme, ob Waffenstillstandsabkommen eingehalten werden. Sie entwaffnen Konfliktparteien, liefern Lebensmittel und Medikamente oder räumen Minen. Blauhelme werden aber auch zur Friedenserzwingung (*peace enforcement*) eingesetzt, wenn beide Konfliktparteien zugestimmt haben oder wenn Sanktionen des Sicherheitsrates nicht greifen. Einen solchen Einsatz gab es im zweiten Golfkrieg gegen den Irak. Für ihr Engagement zur Sicherung des Weltfriedens erhielten die UNO-Blauhelme 1988 den Friedensnobelpreis.

Angebot und Nachfrage

Wer auf den Bazar geht, muss bereit sein zu handeln. Ein Teppichhändler wird kaum die Prinzipien der marxistischen Arbeitswertlehre berücksichtigen: Demnach würde sich der richtige Preis für den Teppich von den für die Herstellung nötigen Arbeitsstunden ableiten; auch könnte der Teppich in seiner Farbgestaltung wunderschön sein, sein Gebrauchswert wäre jedoch nicht größer als der eines Billigteppichs.

Das alles spielt für den Teppichhändler keine Rolle. Wenn ein Geschäft zustande kommt, dann wird der Preis in etwa so liegen, dass der Teppich bei einem anderen Händler nicht billiger wäre und ein anderer Kunde nicht mehr dafür bezahlt hätte.

Jeder Käufer hat eine Vorstellung davon, wie viel er bereit ist, für eine Ware auszugeben. Da dieser Maximalpreis bei jedem Käufer anders ist, wird die absetzbare Warenmenge abnehmen, wenn der Angebotspreis zunimmt. Zugleich hat jeder Verkäufer einen Mindestpreis, für den er bereit ist, sich von seiner Ware zu trennen. Je höher der erzielbare Preis, desto größer die angebotene Menge. Bei genau einem Preis ist die Zahl der bereitwilligen Käufer gleich der Zahl der bereitwilligen Verkäufer. Das ist der mathematische Marktwert des Teppichs.

Warum laufen die Geschäfte auf dem Bazar dann nicht ruhig und gelassen ab? Ein Grund dafür ist mangelhafte Information. Der Käufer weiß in der Regel nicht, wie viele Händler solche Teppiche verkaufen oder wo ihre Stände sind, geschweige denn, wie weit sie heruntergehandelt werden können. Der Händler weiß auch nicht, wie dringend der Käufer diesen Teppich erwerben will, oder ob andere Interessenten vorbeikommen werden.

Der Bazar ist der Urtyp eines Marktes. An ihm lassen sich die Gesetze des freien Marktes erklären. Man kann sogar zeigen, dass dieser Mechanismus nicht nur zu einem stabilen Ergebnis führt, sondern zu dem besten Ergebnis. Ein beträchtlicher Teil der volks-

Angebot und Nachfrage **105**

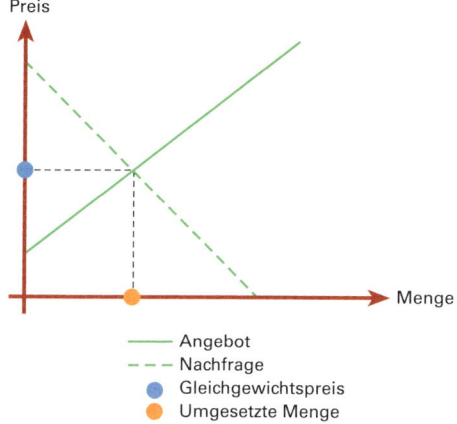

Wo Angebots- und Nachfragekurven sich kreuzen, liegt der Marktwert.

wirtschaftlichen Theorie beschäftigt sich mit der Frage, wann der Markt versagt und nicht den optimalen Preis ermittelt. Das kann passieren, wenn dritte Personen einen Vorteil oder Nachteil von dem Geschäft haben: Die Autofahrer und Ölfirmen mögen über freien Handel an den Tankstellen den für sie optimalen Benzinpreis ermitteln. Doch solange die Luftverschmutzung nicht berücksichtigt wird, ist das Ergebnis für die Gesellschaft als Ganzes nicht das bestmögliche. Solche Faktoren heißen externe Kosten.

Ein weiteres Beispiel, bei dem nicht das beste Ergebnis für alle erreicht wird, wenn jeder seinen eigenen Vorteil sucht, ist als »Tragik der Allmende« bekannt: Eine Allmende ist ein Gemeinschaftsgut, wie eine Alm, die ein ganzes Dorf besitzt. Alle Bewohner des Dorfes dürfen ihr Vieh auf der Alm weiden lassen. Wächst die Bevölkerungszahl zu stark, gibt es zu viel Vieh auf der Alm, so dass diese zerstört wird.

Es wäre besser, jeder würde die Weide nicht zu stark in Anspruch nehmen, doch der Einzelne hat keinen Vorteil davon: Wenn er »vernünftig« handelt und versucht, seinen Gewinn zu maximie-

> **Warum Globalisierung nützlich ist**
>
> Wenn zwei Menschen sich auf dem Bazar treffen, gehen sie oft auseinander, ohne sich über ein Geschäft einig zu werden. Für zwei Länder aber gibt es laut der Theorie des »komparativen Vorteils« immer einen Handel, der für beide vorteilhaft ist. Dieser Satz geht auf den englischen Ökonom David Ricardo zurück, der ihn 1817 am Beispiel vom Handel mit Wein und Stoff zwischen England und Portugal illustrierte. In Portugal lassen sich beide Produkte mit weniger Aufwand herstellen als in England.
> Trotzdem kann es für Portugal vorteilhaft sein, Stoff aus England einzuführen: Das englische Tuch ist nur geringfügig teurer als das portugiesische, aber es wächst praktisch kein Wein auf der britischen Insel. Wenn England also mit Portugal Stoff gegen Wein tauscht, haben beide einen Gewinn. England bekommt den Wein, den es selber nur mit großem Aufwand hätte herstellen können. Für Portugal ist es billiger einen Alkoholüberschuss zu produzieren und dafür englisches Tuch einzuführen.
> Es ist also generell sinnvoll, dass Länder, genauso wie Arbeiter, sich spezialisieren. Bei allen Nachteilen, die sie gegenüber den mächtigen Industrienationen haben, geht es den Entwicklungsländern trotzdem besser, wenn sie sich am Weltmarkt beteiligen. Und bei aller verständlichen Angst vor Konkurrenz aus Billiglohnländern profitiert auch Deutschland von einer Öffnung der Märkte.

ren, nutzt er die Allmende voll aus, egal ob die anderen das Gleiche tun oder nicht. Doch das gemeinsame Dorf geht so zugrunde.

Auf dem Bazar gibt es viele Verkäufer und viele Käufer, die in Konkurrenz zueinander auftreten. Wenn es nur einen Verkäufer gibt (oder wenn die Verkäufer ihre Preise absprechen), dann besteht ein Monopol, und der Verkäufer kann den Preis diktieren. Das heißt nicht, dass er den Preis beliebig hoch setzt: Wenn er vernünftig ist – eine Annahme der Theorie, die nicht immer erfüllt ist –, setzt er den Preis so fest, dass sein Gewinn maximal wird. Denn falls der Preis zu niedrig ist, verdient er zu wenig bei jedem Tausch, doch wenn der Preis zu hoch ist, kommen zu wenig Kunden.

Mit dem Staat verhält es sich ähnlich. Wenn eine Regierung mehr einnehmen will, kann sie die Steuern anheben. Wenn sie die

Steuern aber zu hoch setzt, schadet dies der Wirtschaft. Zwischen diesen Extremen gibt es einen bestimmten Steuersatz, für den die Staatseinnahmen am höchsten sind.

Wirtschaftspolitik

Die Politik hat sich gleich vier Ziele für ihre Wirtschaftspolitik gesetzt: wenig Inflation, geringe Arbeitslosigkeit, Gleichgewicht von Import/Export sowie Wachstum. Weil diese Ziele alle wichtig sind, aber auch weil es eines Wunders bedürfte, um alle gleichzeitig zu erreichen, heißen sie das »magische Viereck«.

Im besten Fall führt die Verfolgung eines Zieles zur Annäherung an ein anderes. Es wird allgemein angenommen, dass eine expandierende Wirtschaft die beste Methode ist, Arbeitslosigkeit abzubauen, und dass Vollbeschäftigung das Konsumverhalten belebt.

Schwieriger ist das Verhältnis zwischen Arbeitslosigkeit und Preisniveau. Schon vor einem halben Jahrhundert hat man beobachtet, dass die Löhne schneller wachsen, wenn die Arbeitslosigkeit niedrig ist. Es ist auch naheliegend, dass Lohn- und Preissteigerungen Hand in Hand gehen. Ein Unternehmer, der seinen Arbeitern viel bezahlt, muss viel für seine Ware verlangen. Hohe Preise wiederum zwingen die Arbeiter, hohe Löhne zu verlangen. Damit ist ein Zielkonflikt für den Staat unausweichlich: Vollbeschäftigung begünstigt die Inflation, und Preisstabilität begünstigt Arbeitslosigkeit.

Allerdings akzeptieren nicht alle Ökonomen diesen Zusammenhang. Die Anhänger von Keynes meinen, dass Wirtschaftspolitik die Arbeitslosigkeit beeinflussen kann, die Inflation jedoch immer auf einem natürlichen Wert beharrt. Die Monetaristen wie Milton Friedman dagegen behaupten, die Preissteigerungsrate könne sehr wohl durch Geldpolitik verändert werden, aber die habe keinen Einfluss auf die Arbeitslosenquote. So lange Wirtschaftswis-

Wirtschaftssektoren

Fachleute unterteilen eine Volkswirtschaft in grobe Sektoren. Der Primärsektor ist die Urproduktion, also die Gewinnung von Rohstoffen aus der Natur. Dazu zählen Landwirtschaft, Forst- und Fischereiwirtschaft und Bergbau. Der Sekundärsektor verarbeitet diese Rohstoffe zu fertigen Produkten. Industrie und Handwerk sowie die Energie- und Wasserversorgung und das Baugewerbe gehören zum Sekundärsektor. Der Tertiärsektor erbringt die verschiedensten Dienstleistungen. Wichtig in diesem Bereich sind Handel, Verkehr, Staat und öffentliche Haushalte. Aber auch Gaststätten, Hotels, Banken, Telekommunikation und Rundfunk gehören dazu. Generell sind die ersten zwei Sektoren kapitalintensiv, während der dritte Sektor viel Personal benötigt. In traditionellen Zivilisationen dominiert der Primärsektor. Mit der Industrialisierung nimmt die Bedeutung der Sekundärwirtschaft zu. Danach wird der Tertiärsektor einer Gesellschaft immer wichtiger. Deutschland wird in diesem Sinne zunehmend als Dienstleistungsgesellschaft angesehen.

Sektoren	Anteil an der Wertschöpfung			
	1950	1960	1980	2001
Land und Forstwirtschaft	10,7	5,9	2,2	1,0
Produzierendes Gewerbe	49,7	53,2	44,7	30,7
Dienstleistungssektor	39,6	40,9	53,7	68,3
- Handel und Verkehr	19,9	18,5	15,4	21,0
- Dienstleistungsunternehmen	11,6	13,6	23,9	24,0
- Staatl. und priv. Haushalte	8,1	8,8	14,4	23,3

senschaftler solch entgegengesetzte Meinungen vertreten, kann man den Politikern kaum einen Vorwurf machen, wenn sie den Weg wählen, der ihnen politisch opportun erscheint.

Wenn man schon Ziele hat, will man auch wissen, ob man sie erreicht hat. Dafür bedarf es Indikatoren oder Kenngrößen, die ein möglichst scharfes Bild bieten sollen, aber niemals unproblematisch sind: Am einfachsten lässt sich noch das Preisniveau erfassen. Dazu definiert man einen so genannten »Warenkorb«. Um die Preisentwicklung über viele Jahre zu verfolgen, ist es sinnvoll, den Warenkorb ständig an die jeweiligen Kaufgewohnheiten anzupassen.

Schwieriger ist es, die Arbeitslosenquote zu definieren, was die Regierung oft dazu verleitet, die Zahl durch geschickte Umdeutungen künstlich zu senken. Deutschland benutzt allerdings eine Definition, die meist höhere Werte liefert als die Methode in anderen Ländern. Zum Beispiel wird in Deutschland die Zahl der Arbeitslosen im Verhältnis zur Zahl der Arbeitnehmer gesetzt, während es international gebräuchlich ist, die Relation zu allen Erwerbspersonen, das heißt Arbeitnehmern plus Selbstständigen plus Arbeitslosen, zu bilden. Umstritten ist auch, ob Schüler, die nach Schulabschluss auf einen Ausbildungs- oder Studienplatz warten, als arbeitslos zu zählen sind oder nicht, und ob Personen noch als arbeitslos gelten sollen, wenn sie beispielsweise zwei Stunden pro Woche arbeiten.

Am komplexesten ist es, die wirtschaftliche Gesamtleistung eines Landes zu erfassen. Die findet normalerweise im »Bruttoinlandsprodukt« BIP ihren Ausdruck. Bei der Berechnung schlagen Erwerbseinkommen und Vermögenseinkommen positiv zu Buche, während Abschreibungen, bestimmte Importzölle und Einkommen aus der übrigen Welt abgezogen werden müssen. Generell wird das *reelle* Wirtschaftswachstum herangezogen, das heißt, die Inflation wird abgezogen. Bei internationalen Vergleichen wird das BIP »kaufkraftbereinigt« angegeben, das heißt, die unterschiedlichen Preisniveaus in verschiedenen Ländern werden berücksichtigt.

Globalisierung

1873 führte Deutschland die Goldmark ein, so genannt, weil sie jederzeit gegen eine bestimmte Menge Gold eingetauscht werden konnte. Um diese Zeit wechselten alle großen Industrieländer auf den Goldstandard und schafften damit eine Basis, Geschäfte untereinander zuverlässig abzurechnen. Etwa um diese Zeit liberalisierten sie auch die einheimische Industrie und reduzierten die Einfuhrzölle. Damit begann die erste Ära der Globalisierung.

Diese Entwicklung ist durch die politischen Turbulenzen der ersten Hälfte des 20. Jahrhunderts gestoppt und zurückgedreht worden, doch seit dem Zweiten Weltkrieg bemühen sich die Industrienationen wieder, Barrieren für den Waren- und Kapitalverkehr abzubauen. Betrug 1950 der Zollanteil des Einkaufspreises von importierten Industriegütern 40 Prozent, lag er 1984 nur noch bei sechs Prozent und halbierte sich nochmals in den folgenden zehn Jahren. Die breite Öffentlichkeit begann in den 90er Jahren die Globalisierung wahrzunehmen, in dem Jahrzehnt, in dem der Handel den größten Sprung im Vergleich zum Wirtschaftswachstum machte. Verschiedene Entwicklungen unterstützten die Veränderung: Regionale Wirtschaftsblöcke wie die EU breiteten sich aus, Transportkosten nahmen ab, der Systemwettbewerb zwischen Ost und West löste sich auf, und Kommunikationssysteme, vor allem das Internet, verbilligten sich rasant.

Das Wort »Globalisierung« hat viele Bedeutungen: Warentransport zu Land, zur See und zur Luft sind nur ein Aspekt davon. Der Personenverkehr hat genauso dramatisch zugenommen, Bewegungen von Menschen als Touristen, Immigranten, Flüchtlinge und Geschäftsreisende haben vielschichtige Wirkungen. Auch der Austausch von immateriellen Gütern gehört zur Globalisierung. Nachrichten verbreiten sich innerhalb Minuten über den Globus, technologische Innovationen wie die Grüne Revolution im Reisanbau werden weltweit eingesetzt.

Wenn es um globale Ideologien geht, denkt man zwangsläufig an den Islamismus, doch auch Werte wie Demokratie, Frauenrechte und Umweltschutz sind Teil der Globalisierung. Hollywood-Filme werden überall geschaut – McDonald's Imbisse weltweit besucht. Weniger umstritten, aber genauso weit verbreitet sind amerikanische Musik und italienische Pizza.

Zu den immateriellen Gütern gehören ebenfalls politische Organisationen wie die UN, Rechtsorgane wie der Internationale Gerichtshof in Den Haag, Standards für Telekommunikation und die gegenseitige Anerkennung von Urheberrechten und Patenten. Auch die Kritik an der Globalisierung ist ein globales Phänomen geworden: Als die Welthandelsorganisation WTO 1999 in der amerikanischen Stadt Seattle tagte, kam es zu gewalttätigen Protesten, bekannt als die »Battle of Seattle«.

Viele Skeptiker legen Wert darauf, nicht Globalisierungs*gegner* genannt zu werden. Weil sie die Entwicklung nicht grundsätzlich ablehnen, sehen sie sich als Globalisierung*kritiker*. Sie erkennen die Vorteile, meinen aber, dass die Gewinne ungleich und ungerecht verteilt werden, so dass die Entwicklungsländer weniger oder gar nicht davon profitieren. Der verstärkte Konkurrenzdruck führe zum Abbau von sozialen Errungenschaften im Gesundheits- und Bildungswesen, im Arbeitsrecht und im Schutz von Kindern und Frauen, auch Umweltschutz- und Sicherheitsmaßnahmen seien gefährdet. Die Kritiker befürchten einen Demokratiemangel, weil die Firmen sich der Kontrolle der Staaten entziehen und den internationalen Organisationen die demokratische Legitimation fehlt.

Alterspyramide

Die Pyramiden von Ägypten stehen seit über 4000 Jahren nahezu unverändert in der Wüste. Der Begriff steht für eine bestimmte geometrische Form – unten breit, oben auf eine Spitze hinlaufend –, ist aber auch ein Sinnbild für Stabilität. Die Alterspyramide einer Gesellschaft ist die Altersstruktur der Bevölkerung, die darstellt wie viele Einwohner es in jeder Altersstufe gibt: Auf einer Seite die Frauen, auf der anderen die Männer, ganz unten die Neugeborenen, ganz oben die Greise. Klassischerweise hat das Bild die Form einer Pyramide, denn jede Altersstufe hat etwas weniger Vertreter als der vorangegangene Jahrgang, und etwas mehr als der nachkommende. Eine derart »ideale« Gesellschaft besitzt die Stabilität einer Pyramide: die Altersstruktur bleibt gleich und die Bevölkerungszahl wächst moderat.

Die gegenwärtige Altersstruktur in Deutschland ergibt keine ägyptische Pyramide, eher einen schlecht gewachsenen Tannenbaum. Es gibt, entsprechend der niedrigen Geburtenraten in den Jahren des Ersten und Zweiten Weltkriegs, deutliche Kerben bei den 60- und 90-Jährigen. Die Folgen der Weltwirtschaftskrise ist als Delle bei den 75-Jährigen zu erkennen, und ein Loch bei den 80-jährigen Männern, die Hitlers Krieg als 20-Jährige nicht überlebten, ist auch deutlich sichtbar. Die Grafik ist am breitesten bei den 40- bis 45-Jährigen, den Baby-Boomern, die Anfang der 60er Jahre geboren wurden.

Im unteren Drittel ist der deutsche Tannenbaum sehr licht. Dieser dramatische Rückgang der Geburtenrate wurde »Pillenknick« getauft, weil man die Ursache in der 1961 auf den Markt gekommenen Antibabypille sah. Doch die wahren Gründe sind umstritten und auf jeden Fall komplexer: Der steigende Wohlstand eines Landes scheint tief greifender mit einem Rückgang der Geburtenrate zusammenzuhängen als mit einem Zugang zu Verhütungsmitteln. Aus diesem Grund ist es auch fragwürdig, ob die Bundesregierung

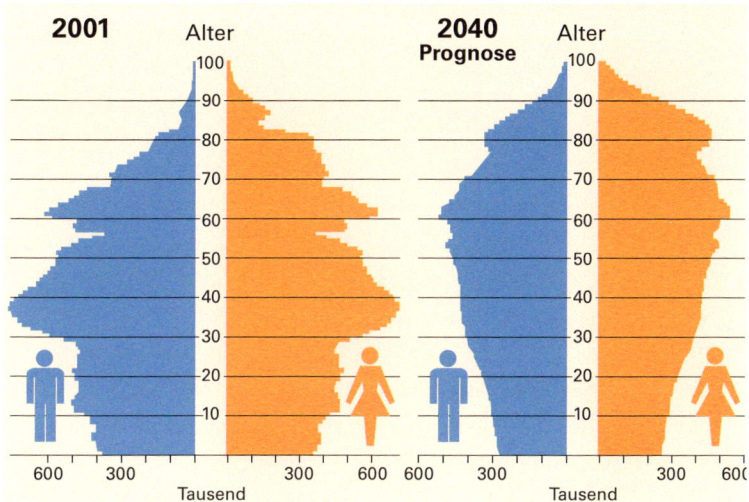

mit Mitteln wie Kindergeld die Gebärfreudigkeit ihres Volkes wesentlich steuern kann.

Die veränderte und verzerrte Alterspyramide hat viele Konsequenzen für die Gesellschaft, keine aber ist gravierender als die »Rentenproblematik«. Ein Rentensystem ist eine Antwort auf die Frage, wie ein Mensch leben soll, wenn er zu alt wird, um zu arbeiten. In der Vergangenheit gab es nur zwei Möglichkeiten: Er musste sparen, oder er konnte sich um seine Familie kümmern und sich später darauf verlassen, dass sie ihn unterstützt. Das zweite Prinzip nimmt in einem modernen Sozialstaat wie Deutschland die Form eines »Generationenvertrag« an: Solange man arbeitet, bezahlt man Rentenbeiträge, die an die Alten weitergeleitet werden, und Steuern, welche z.B. die Schulen der Kinder finanzieren. Wenn man selber nicht mehr arbeiten kann, wird man von den Beiträgen der Jüngeren ernährt, die inzwischen im Arbeitsalter sind. Ein solches System gibt es in so gut wie jedem modernen Staat, allenfalls ergänzt mit geförderten Sparvarianten wie die »Riesterrente« in Deutschland.

Allerdings funktioniert ein Umlagesystem nur, solange die Alterspyramide wirklich eine Pyramide ist: mit vielen Bürgern im Arbeitsalter und wenigen im Rentenalter. Betrug am Anfang des vorigen Jahrhunderts dieses Verhältnis noch 8 zu 1, ist es in den sechziger Jahren schon auf 4 zu 1 gesunken. Heute müssen zwei Arbeiter einen Rentner versorgen. 2040 wird jeder Erwerbsfähige nicht nur sich selber und seine Familie, sondern auch noch einen zusätzlichen Rentner mit seinem Lohn ernähren müssen.

Mittelfristig heißt das, dass man die Lebensarbeitszeit erhöhen und die Renten senken muss. Langfristig allerdings müsste die Zahl der Kinder pro Frau von derzeit 1,2 wieder auf 2,1 ansteigen – die Geburtenrate, die nötig wäre, um die Bevölkerungszahl auf Dauer konstant zu halten. Doch selbst wenn das sofort geschähe, würde die Alterspyramide 100 Jahre brauchen, bevor sie sich wieder auf eine stabile Form einpendelt.

Wichtige Schauplätze

Berlin

Als der Diktator sich am 30. April 1945 in seinem Bunker erschoss, lag die Stadt über ihm in Schutt und Asche. Weil Hitler Berlin bis zum bitteren Ende verteidigen ließ, starben unnötigerweise noch Tausende, Zivilisten und Soldaten, meist ganz junge Menschen. Am 2. Mai ergab sich Berlin der Roten Armee, da waren 450 000 Tonnen Bomben auf die Stadt gefallen, die Innenstadt fast vollständig zerstört, 600 000 Wohnungen beschädigt, jedes zweite Kaufhaus eine Ruine.

Wie keine andere Stadt dieser Welt ist Berlin Symbol des Zusammenbruchs des Dritten Reichs, wegen ihrer Teilung Symbol des Kalten Krieges – aber auch Symbol des Endes des Kommunismus und der Wiedervereinigung. Nirgendwo lässt sich deutsch-deutsche Zeitgeschichte besser studieren als an der Spree.

Dass Berlin in vier Sektoren unterteilt werden sollte, hatten die Alliierten schon auf der Konferenz von Jalta im Februar 1945 beschlossen. Im Sommer zogen sich deshalb die Russen aus den Westsektoren von Amerikanern, Franzosen und Briten zurück. Doch der Friede der Sieger war von kurzer Dauer – der schärfer werdende Ost-West-Konflikt zementierte auch die Teilung der Stadt.

Nachdem die Stadtkommandanten sich nicht auf eine gemeinsame Währung für Berlin einigen konnten – die Deutsche Mark, die mit der Währungsreform in den Westzonen eingeführt worden war, wollten die Sowjets nicht übernehmen –, versuchte Stalin, die Westalliierten aus Berlin herauszudrängen.

Die Aufteilung Berlins in Besatzungssektoren nach dem Zweiten Weltkrieg (die Zahlen markieren die Zonenübergänge).

Am 24. Juni 1948 blockierten sowjetische Truppen sämtliche Straßen- und Schienenverbindungen durch die sowjetische Zone Richtung West-Berlin. Die West-Berliner sollten sich aus dem Umland versorgen und somit wirtschaftlich abhängig von der Sowjetunion werden, doch die Regierung in Washington reagierte mutig: Sie richtete eine Luftbrücke ein, die Kohle, Mehl und Salz nach Berlin flog, manchmal auch Süßigkeiten. Im Minutentakt landeten die »Rosinenbomber« am Flughafen Tempelhof. Stalins Plan misslang gründlich: Nach der Blockade, die fast ein Jahr dauerte und am 12. Mai 1949 endete, fühlten sich die Westberliner mehr als je zuvor zu Westdeutschland gehörig. 1949 spalteten sich die Zonen in Bundesrepublik und DDR auf. Das Grundgesetz listete in seinem Artikel 23 auch Groß-Berlin als Bundesland auf, doch die

Ein »Rosinenbomber« am Himmel über Berlin.

Westalliierten bestanden darauf, dass Berlin nicht durch den Bund regiert werden durfte. Für die DDR wiederum war Berlin unteilbar, beide Staaten beanspruchten also Groß-Berlin für sich.

Nach dem Ende der Blockade war klar, dass die Stadt geteilt bleiben würde. In Ost und West begann jetzt richtig der Wiederaufbau. Der Konzertsaal »Schwangere Auster«, die Hochhäuser am späteren Ernst-Reuter-Platz, die Märkische Siedlung wurden zu Symbolen im Westen. Im Osten entstand die zwei Kilometer lange, vierspurige Stalinallee, die einmal sozialistische Prachtmeile werden sollte mit »Arbeiterpalästen«. Ausgerechnet dort marschierten am 16. Juni Bauarbeiter auf, die gegen die Arbeitsnormerhöhung protestierten. Viele solidarisierten sich, am 17. Juni kam es im ganzen Land zu Demonstrationen, der Aufstand drohte außer Kontrolle zu geraten. Die von der DDR-Regierung zu Hilfe gerufenen Sowjettruppen machten dem Aufruhr ein Ende, bei dem mindestens 150 Menschen starben.

Als am 13. August 1961 Bauarbeiter anrückten und am Verlauf der Zonengrenze begannen, Steine zu einer Mauer aufzuschichten, waren die Menschen fassungslos. Die amerikanischen Truppen beobachteten das Treiben, griffen aber nicht ein, weil ihre Zugangsrechte nach Westberlin davon nicht betroffen waren. Berlin war fortan eine durch Beton und Stacheldraht geteilte Stadt. Die Mauer wurde zum Symbol des Kalten Krieges, an das man sich – trotz der mindestens 86 Menschen, die dort bei Fluchtversuchen den Tod fanden – irgendwie gewöhnte. Schon fast legendär ist der Auftritt des amerikanischen Präsidenten John F. Kennedy, der im Juni 1963 bei einem Besuch seine Rede mit dem deutschen Satz abschloss: »Ich bin ein Berliner.« Westberlin wurde eine Insel, die erst 1971 durch das »Viermächteabkommen« wieder besser erreichbar wurde. Es garantierte den Transitverkehr und ermöglichte auch Tagesreisen zwischen West und Ost.

Die zwei Stadtteile entwickelten sich – parallel zu den Ereignissen in Bundesrepublik und DDR – weiter. Im Westen kam es 1968 zu Studentenunruhen, bei denen der Student Benno Ohnesorg erschossen wurde. Während der 70er Jahre ermordete die Rote-Armee-Fraktion den Kammergerichtspräsidenten Günter von Drenkmann und entführte den CDU-Vorsitzenden Peter Lorenz. Hausbesetzungen in Kreuzberg und Maikrawalle beherrschten die 80er Jahre. Im Osten blieb es zwangsläufig ruhig, auch weil die Ostberliner Privilegien in Form größerer Wohnungen oder besserer Lebensmittelversorgung als im Rest des Landes genossen. Dennoch entwickelte sich am Prenzlauer Berg eine alternative Gegenkultur und unter dem Schutz der evangelischen Kirchen eine zaghafte Bürgerbewegung.

»Reißen Sie diese Mauer nieder«, forderte US-Präsident Ronald Reagan 1987 bei einem Besuch am Brandenburger Tor Sowjetführer Michael Gorbatschow auf. Bis es so weit war, sollten noch zwei Jahre vergehen. Als aber Anfang Oktober 1989 Gorbatschow an den Feierlichkeiten zum 40. Jahrestag der DDR in Berlin teilnahm, besuchte er einen zerfallenden Staat. Er ließ durchblicken, dass Moskau die Führung um Honecker nicht stützen würde. Am frühen Abend des 9. November kam es zu einer denkwürdigen Pressekonferenz, bei der das Politbüro-Mitglied Günter Schabowski eher beiläufig von einem Zettel einen Ministerratsbeschluss über eine neue Reiseregelung ablas – die wohl erst am nächsten Tag in Kraft treten sollte. Auf die Frage eines Journalisten, ab wann die Regelung gelte, blätterte Schabowski in einem Papierstapel und antwortete etwas verwirrt, dass sie seiner Kenntnis nach sofort in Kraft trete. »Die Mauer ist offen«, meldeten daraufhin westliche Fernseh- und Rundfunksender. Tausende zogen zu den Grenzübergängen und verlangten, dass diese geöffnet würden. Zum Glück handelten die Grenzsoldaten besonnen – zuerst wurde der Übergang Bornholmer Straße, später andere Posten geöffnet. Die Ostdeutschen wurden begeistert in West-Berlin empfangen, Menschen tanzten die ganze Nacht hindurch auf der Mauer.

Am 3. Oktober 1990 wurde Deutschland und damit auch Berlin wieder vereinigt. Berlin ist nun ein reguläres Bundesland und – mit dem Beschluss des Bundestages vom 20. Juni 1991 – deutsche Hauptstadt. Die Stadt erlebt ihren zweiten Bauboom nach 1945 – der renovierte Reichstag mit Kuppel, das Bundeskanzleramt, der Potsdamer Platz – sie werden zu den Symbolen des neuen Berlin. Doch zugleich zeigen sich auch die Folgen der jahrzehntelangen Teilung. Weder Ost- noch Westberlin hatten nennenswerte Industrie – die Stadt ist pleite. Dennoch – Berlin bleibt wegen seiner faszinierenden Geschichte Anziehungspunkt.

Jerusalem

Die goldene Kuppel des Felsendoms auf dem Tempelberg, die Klagemauer, die Grabeskirche, die Via Dolorosa – keine Stadt vereint so viele religiöse Symbole wie Jerusalem. Moslems, Juden und Christen beanspruchen Jerusalem als ihre, als heilige Stadt. Nicht überraschend also, dass Jerusalem zum Zankapfel zwischen Arabern und Juden geworden ist und damit immer wieder im Mittel-

Karte Israels mit besetzten Gebieten und palästinensischen Autonomiegebieten.

punkt des nicht enden wollenden Nahost-Konfliktes steht, der mindestens fünf Kriege sowie zwei Palästinenser-Aufstände nach sich gezogen hat und zudem der Terrrororganisation al-Qaida als

Rechtfertigung für ihre blutigen Anschläge gilt. Wer durch den schwer bewachten Tunnel zur Klagemauer geht, bekommt die Zerrissenheit der Stadt zu spüren.

Jerusalem ist eine der ältesten Städte der Welt und hat eine wechselhafte Geschichte erlebt: Mal Davidstadt, mal das Ziel der Kreuzzüge, mal unter türkischer, mal britischer Herrschaft. Als das britische Protektorat 1948 endete und den Juden in Palästina ein Stück Land gegeben werden sollte, stellte sich die Frage, was mit Jerusalem passieren sollte. Die Vereinten Nationen beschlossen in der »Resolution 181«, auf dem Gebiet des heutigen Israels zwei Staaten zu errichten, einen vorwiegend jüdischen und einen muslimischen. Jerusalem sollte eine internationale Stadt werden, doch die arabische Seite wollte nicht auf muslimische Gebiete verzichten und bekämpfte den israelischen Staat von Anfang an.

Im arabisch-israelischen Krieg von 1948/49 besetzte Israel West-Jerusalem, während der Ostteil der Stadt zusammen mit dem Westjordanland von Jordanien erobert wurde. Die jüdische Bevölkerung von Ost-Jerusalem wurde vertrieben und Israel erklärte Jerusalem zu seiner Hauptstadt, was die meisten Staaten nicht anerkannt haben.

Während des Sechstage-Kriegs von 1967 eroberten israelische Fallschirmjäger Ost-Jerusalem sowie den Gazastreifen und Teile der Westbank. Erstmals seit der Gründung ihres Staates konnten die Juden nun wieder an der Klagemauer beten – das alte Viertel vor der Mauer wurde zerstört, um einen großen Platz zu schaffen. Im Gegensatz zu den Arabern achteten die Israelis allerdings darauf, dass die Anhänger der verschiedenen Religionen zu ihren Heiligtümern gelangen konnten – so bleibt der Tempelberg der autonomen muslimischen Verwaltung, der Waqf, unterstellt.

Entgegen der bis dahin gefassten Beschlüsse der Vereinten Nationen verabschiedete die israelische Regierung 1980 das »Jerusalem-Gesetz«, das die UN wiederum mit der Resolution 478 als Verstoß gegen internationale Gesetze verurteilten: Beide Stadtteile sowie etliche Umlandgemeinden wurden zusammengefasst, die Stadt zur unteilbaren Hauptstadt Israels erklärt. Aus Protest verlagerten fast alle Staaten bis auf Costa Rica und El Salvador ihre Botschaften nach Tel Aviv, doch Jerusalem ist fortan Sitz der israelischen Regierung und des Parlaments, der Knesset. Immer mehr Juden zogen in die Stadt, was von der Regierung auch durch neue Siedlungen gefördert wurde. Anders als in Gaza oder Hebron sind die meisten Bewohner aber nicht religiös motivierte und militante Siedler.

Inzwischen zählt Jerusalem gut 700 000 Einwohner, von denen viele in den Trabantenstädten wohnen, die einen Ring um die Stadt bilden. 30 Prozent der Einwohner sind Palästinenser, sie bewohnen aber nur 15 Prozent der Fläche, meist in Ost-Jerusalem. Zudem sind in den letzten Jahren palästinensische Häuser zerstört worden, um Platz für einen umstrittenen Sicherheitszaun zu schaffen.

Mit dieser Mauer, die der Internationale Gerichtshof in Den Haag als illegal erklärt hat, will Israel Ost-Jerusalem von den palästinensischen Gebieten abriegeln, um zu verhindern, dass Terroristen in das Stadtgebiet eindringen. Inzwischen hat selbst das Oberste Gericht Israels 2005 angeordnet, den Verlauf der umstrittenen Sperranlage an der Grenze zum Westjordanland zu Gunsten der Palästinenser zu ändern.

Nach vielen – teilweise gescheiterten – Friedensabkommen ist 2005 etwas Bewegung in den festgefrorenen Konflikt zwischen Israelis und Palästinensern gekommen. Nach 38 Jahren Besatzung hat Israel gemäß dem Abkommen der »Road Map« seine Truppen aus dem Gazastreifen abgezogen. Allerdings hat im Januar 2006 die Terrororganisation Hamas die Wahlen in den Palästinensergebieten gewonnen, was Verhandlung erschweren dürfte. Ob Israel und die palästinensische Autonomiebehörde sich über den Status von Jerusalem einigen werden, ist wenig wahrscheinlich – zu viel Herzblut hängt an dieser Stadt.

Brüssel

Brüssel, das ist mehr als nur die Stadt der Pralinen und Spitzen. Brüssel ist Synonym der Europäischen Union, weshalb es oft schon heißt: »Brüssel hat verfügt«, was selten positiv gemeint ist. Denn viele Bürger durchschauen nicht mehr, wer eigentlich was in Brüssel entscheidet. Das liegt auch daran, dass die Europäische Union gewissermaßen Opfer ihres eigenen Erfolgs geworden ist: Sie ist so schnell groß geworden, dass sie vielen Europäern über den Kopf gewachsen ist. Genormte Äpfel und Dienstleistungsrichtlinien? Brüssel jedenfalls ist der Ort, an dem nicht alles, aber vieles entschieden wird.

Dabei ist Brüssel aus drei Gründen die europäische Metropole schlechthin: erstens natürlich wegen der europäischen Institutionen, die dort ihren Sitz haben, was eine Vielfalt von Lobbyistenverbänden, Journalisten, internationale Unternehmen und Botschaften mit sich zieht; zweitens liegt Brüssel nur zwei Zugstunden von Paris, London, Aachen oder Amsterdam entfernt, und damit wirklich im Herzen Mitteleuropas; drittens spiegelt die Geschichte der Stadt auch die bewegte Geschichte Europas wider. Mal stand sie unter der Herrschaft Burgunds, dann wieder unter den Habsburgern. Später gehörte sie zu den spanischen Niederlanden, dann zu Frankreich, erneut zu Österreich, wieder zu Frankreich. Erst 1831 mit der Konferenz von London wurde das Königreich Belgien als Staat anerkannt. Geblieben ist der sprachliche und kulturelle Konflikt zwischen der wallonischen und der flämischen Bevölkerung, der zuweilen mit einer Härte ausgefochten wird, die man im vereinten Europa nicht für möglich halten würde.

Glücklicherweise wurde Brüssel, obwohl Vormarschgebiet der Wehrmacht, im Zweiten Weltkrieg kaum zerstört. Die barocken Häuser am Großen Markt und die wunderbaren Jugendstilbauten zeugen von einer prachtvollen Vergangenheit. Leider wussten die Brüsseler ihre Bauten nicht immer zu schätzen, sie rissen so man-

Das EU-Parlament in Brüssel.

ches Juwel nieder und zerstörten Viertel durch mehrspurige Straßen oder einfallslose und monumentale Verwaltungsbauten für die Europäische Union. 1958 wurde Brüssel zum Sitz der Europäischen Wirtschaftsgemeinschaft, die seit dem Vertrag von Maastricht von 1992 Europäische Union (EU) heißt. Fortan haben die damals zunächst 15, heute 25 Mitglieder nicht nur einen gemeinsamen Markt, sondern arbeiten etwa auch bei der Bildung und Kultur zusammen. Der Verbraucherschutz soll europaweit die gleichen Standards erfüllen, die Innenminister sprechen sich bei Rechtsfragen ab. Auch die Außen- und Sicherheitspolitik will man gemeinsam entscheiden.

Wie Politik in Brüssel gemacht wird, unterscheidet sich von der Politik in einem Staat, denn die EU ist nur ein »Staatenbund«, kein Bundesstaat. Die EU hat zwar auch eine Exekutive, eine Legislative und eine Judikative, doch mit anderen Kompetenzen als Bundesregierung, Bundestag und Bundesverfassungsgericht.

Im Berlaymont-Gebäude am »Platz Robert Schuman«, dem Herzen des Europa-Viertels, residiert die »Kommission«. Der Kommissionspräsident steht den 24 Kommissaren vor, die aus jeweils einem Mitgliedsland kommen und vergleichbar mit Ministern sind. Sie sind allein Europa verpflichtet und ihrer Regierungen keine Rechenschaft schuldig. Die Kommission verwaltet die Haushaltsmittel und wacht darüber, dass europäisches Recht und Verträge eingehalten werden. Verstößt ein Mitglied gegen EU-Regeln, so muss die Kommission notfalls den Fall vor den Europäischen Gerichtshof in Luxemburg bringen. Sie kann auch als einzige Institution auf europäischer Ebene Gesetzentwürfe einbringen. Das geschieht allerdings häufig auf Vorschlag des Europäischen Rates, der im schräg gegenüberliegenden Justus-Lipsius-Gebäude seine Büros hat.

Der »Europäische Rat« setzt sich aus den Staats- und Regierungschefs der Mitgliedsländer zusammen. In dieser Runde vertreten sie die Interessen ihrer nationalen Regierungen, hier müssen Kompromisse zwischen den »europäischen« Zielen von Kommission und Parlament und den Wünschen der Nationalstaaten gefunden werden. Der Rat kann nur Beschlüsse fassen, wenn ihm ein Gesetzentwurf der Kommission vorliegt, er kann diesen aber auch anfordern. Der Europäische Rat bestimmt außerdem den Kommissionschef. Da die Regierungschefs nur selten in Brüssel sind, werden sie in der täglichen Arbeit vom »Ausschuss der Ständigen Vertreter« vertreten.

Eigene Räte bilden die jeweiligen Fachminister, also die Verkehrsminister der Länder, die Umweltminister oder auch die Außenminister, deren Rat als wichtigster nach dem der Regierungschefs gilt und deshalb oft nur als der »Rat« bezeichnet wird.

Offiziell hat das »Europäische Parlament« seinen Sitz sowohl in Straßburg als auch in Brüssel. Doch weil hier die Kommission residiert und häufig Ministerräte zusammentreffen, halten die Abgeordneten sich mehr in Brüssel als in Straßburg auf, wo sie einmal im Monat zu ihrer Plenarsitzung zusammenkommen. Ihre Büros haben die EU-Parlamentarier, die seit 1971 in den Mitgliedsstaaten direkt gewählt werden, in zwei miteinander verbundenen Monumentalgebäuden unweit der Kommission, die nach den Europa-Politikern Paul-Henri Spaak und Altiero Spinelli benannt sind.

Mit den Jahren hat das Parlament mehr Macht bekommen. Heute kann es über einen Teil der EU-Ausgaben und Gesetze mitentscheiden, es kann Untersuchungsausschüsse einsetzen und muss der Ernennung einer neuen Kommission zustimmen. Zum Beispiel haben die Abgeordneten 1999 die Kommission unter Jacques Santer zum Rücktritt gezwungen, der sie Betrug und Vetternwirtschaft vorwarfen.

New York City

Müsste man eine Welt-Hauptstadt küren, so gäbe es nur eine Wahl: New York City. Dort kamen die Einwanderer aus Europa an, dort befindet sich die wichtigste Börse der Welt, dort ist der Sitz der Vereinten Nationen. Die Stadt mit ihren über acht Millionen Einwohnern und der berühmten Skyline ist Symbol der großen Nation Amerika, und das hat ihr die tragischen Anschläge des 11. September 2001 beschert. Die Terroristen wollten das Herz der Nation treffen, deshalb haben sie New York gewählt.

Wer, wie die früheren Einwanderer, sich von Süden her der Halbinsel Manhattan auf einer Fähre nähert und an Land ein paar Schritte geht, kommt an zwei Symbolen des Kapitalismus vorbei. Da ist zum einen die Baulücke, wo einst die zwei Türme des World Trade Center standen, die viele Finanzfirmen beherbergten. Auf der anderen Seite liegt die Wall Street, eine enge Straßenschlucht mit zahlreichen Banken und der »New York Stock Exchange«, der größten Wertpapierbörse der Welt. Über 1,6 Millionen Aktien werden dort täglich gekauft und verkauft, fast 50 Milliarden Dollar umgesetzt. 2800 Firmen sind bei der Börse gelistet, insgesamt sind sie 21 Billionen Dollar wert. Menschen auf dem ganzen Globus beobachten die Fieberkurve des »Dow Jones Industrial Average«, des Mittelwerts der wichtigsten US-Papiere.

Ein paar Kilometer weiter nördlich, am East River, ragt das Hochhaus der Vereinten Nationen (»United Nations«, UN) empor. Gebaut hat es 1949 der Architekt Oscar Niemeyer, der auch Brasilia auf dem Reißbrett entworfen hat, das Geld für das Grundstück stammte von John Rockefeller junior. Gegründet wurden die Vereinten Nationen als Antwort auf die Greueltaten des Zweiten Weltkriegs. 50 Staaten versammelten sich in San Francisco, um eine Art Weltregierung namens United Nations Organization, kurz UNO, zu gründen, die für Frieden und Sicherheit sowie wirtschaftliche und soziale Zusammenarbeit sorgen sollte. Die hehren Ziele konnte die UN nicht immer erreichen – bis zum Zusammenbruch der Sowjetunion hat die Aufteilung der Welt in zwei politische Blöcke Friedensbemühungen häufig erschwert.

Die wichtigsten Organe der UN sind die »Vollversammlung« und der »Sicherheitsrat«. In der Vollversammlung kommen Vertreter aller 191 Mitglieder der UN zusammen, das heißt – mit Ausnahme des Vatikan-Staates und Taiwans – alle Staaten dieser Erde. Die Generalversammlung prüft und genehmigt den Haushalt der UN, außerdem berät sie über Resolutionen und nimmt diese an. Sie kann sich mit praktisch jeder Frage von internationaler Bedeutung befassen, solange diese nicht gleichzeitig vom Sicherheitsrat behandelt wird. Ihre Resolutionen sind jedoch völkerrechtlich nicht bindend.

Politisch wichtiger ist deshalb der Sicherheitsrat, seine fünf ständigen Mitglieder gehören zu den mächtigsten Staaten der Erde: USA, Russland, China, Frankreich, Großbritannien. Sie besitzen ein Veto-Recht, können also Entscheidungen verhindern. Hinzu kommen zehn nicht ständige Mitglieder, die jeweils zwei Jahre lang dem Rat angehören. Laut Satzung trägt der Rat »die Hauptverantwortung für die Wahrung des Weltfriedens und der internationalen

Der Generalsekretär der Vereinten Nationen, Kofi Annan.

Sicherheit«. Er darf sich aber nicht gegen anerkannte Regeln des Völkerrechts aussprechen. Wie einflussreich der Sicherheitsrat tatsächlich ist, ist strittig – abgesehen von Sanktionen besitzt er nämlich keine Möglichkeiten, seine Resolutionen durchzusetzen.

Wenn die Generalversammlung ein Thema für wichtig hält, kann sie internationale Konferenzen einberufen. Der Weltgipfel 1992 in Rio de Janeiro, bei dem Umweltfragen diskutiert wurden, ist ein Beispiel dafür, ebenso die Weltfrauenkonferenz 1995 in Peking. Auch die Klimavereinbarung von Kyoto ist 1997 bei einer UN-Konferenz entstanden.

Neben Umweltthemen kümmert sich die UN in Unterorganisationen um die Armen dieser Welt, um die Gesundheit (durch die Weltgesundheitsorganisation WHO), um Entwicklungshilfe, Menschenrechte und Abrüstung. Der Sicherheitsrat kann Friedensmissionen beschließen, an denen freiwillig bereitgestellte Soldaten der Mitgliedsländer (»Blauhelme«) teilnehmen. Inzwischen sind etwa 70 000 Blauhelme für 17 Missionen unterwegs. Dafür werden jährlich fünf Milliarden Dollar ausgegeben. Viele Missionen gelten allerdings als gescheitert – zum Beispiel die UN-Friedensmission in Ruanda, die einen Völkermord nicht verhindern konnte oder der Einsatz in Bosnien, wo in Srebrenica praktisch unter den Augen von UN-Soldaten Tausende Muslime umgebracht wurden.

Umstritten war lange Zeit auch die Menschenrechtskommission der UN, in der mit dem Sudan oder Libyen einige Vertreter der schlimmsten Diktaturen dieser Welt saßen. Bei der 60. Generalversammlung 2005 in New York wurden ein paar, jedoch nicht besonders weit reichende Reformen beschlossen, darunter ein neuer Rat für Menschenrechte. Auch der Skandal um das »Öl-für-Lebensmittel-Programm« schadete dem Ansehen der Organisation, die dem Irak von 1996 bis 2003 erlaubt hatte, Erdöl zu exportieren und aus den Erlösen Lebensmittel und Medikamente zu kaufen. Später stellte sich heraus, dass der Direktor des UN-Programms sich hatte bestechen lassen.

Bretton Woods

Wer Anfang des zwanzigsten Jahrhunderts zur Ost-Küsten-Elite Amerikas gehörte, verbrachte den Sommer im Mount-Washington-Hotel – eine Perle der Kultur in den wilden Bergen von New Hampshire. Immerhin gehörte zu jedem Zimmer des Luxushotels ein eigenes Badezimmer.

Doch bereits 1944 hatten die »Grand Hotels« der Gegend ihre besten Tage hinter sich. Die Weltwirtschaftskrise und später der Zweite Weltkrieg hatten Vermögen vernichtet und die Urlaubsstimmung selbst der oberen Zehntausend gedämpft. Jetzt, da der Krieg sich zu Gunsten der Alliierten gedreht hatte, konnte man vorsichtig anfangen, an die Welt nach dem Krieg zu denken. Wenn irgend möglich, wollten die Alliierten ein System schaffen, das die Schrecken von Wirtschaftskrise und Krieg verbannte.

Um darüber in Ruhe zu reden, brauchten sie einen Ort, wo 730 Delegierte in gediegener Atmosphäre untergebracht werden konnten – zwar mit Eisenbahnanbindung, aus Sicherheitsgründen jedoch abgelegen von großen Städten. Es begann das zweite Leben des Mount-Washington-Hotels. Dem Haus wurde wieder sein alter Glanz verliehen, als es Ort der »United Nations Monetary and Financial Conference« wurde, besser bekannt als die »Konferenz von Bretton Woods«, so heißt der kleine Ort, wo das Hotel liegt.

Nie zuvor hatten die Nationen der Erde versucht, ihre Geldpolitik mithilfe ständiger Institutionen zu koordinieren. Wie sollte das auch funktionieren? In der Weltwirtschaftskrise hatte jedes Land nach dem Sankt-Florians-Prinzip gehandelt, indem es versuchte, mit Zöllen oder Handelskontingenten seine eigene Arbeitslosigkeit und sein Handelsdefizit auf die Nachbarn abzuwälzen. Die Folge war eine Abwärtsspirale für alle. Um eine Wiederholung zu vermeiden, waren die Länder Europas bereit, einen Teil ihrer geldpolitischen Souveränität aufzugeben. Doch nach den Verwüstungen des Krieges konnten sie es aus eigener Kraft nicht schaffen.

Es gab nur ein Land in der Welt, das schon vor dem Krieg eine Wirtschaftsmacht war und das den Krieg nicht auf eigenem Boden austragen musste. Ob an Investitionen, Produktion oder Exporten gemessen, ob an Industriegütern, Kohle, Öl, Elektrizität oder Goldreserven – nach dem Krieg waren die Vereinigten Staaten stärker als alle anderen Länder der Welt zusammen. Nur durch die Vormachtstellung und Führungsbereitschaft der USA war die Einrichtung einer neuen geldpolitischen Weltordnung durchsetzbar. Mit der Sonderstellung der USA war auch klar, dass das schöne Prinzip von einer Stimme für jeden Staat aufgegeben werden musste. Am Anfang verfügten die Vereinigten Staaten über ein Drittel der

Goldpreis in US-Dollar pro Unze, von 1910 bis heute.

Stimmrechte, genug um jede Änderung der neuen Ordnung zu verhindern.

Das Hauptproblem sah man in der Variabilität der Wechselkurse. Die klassische Lösung war gewesen, internationale Rechnungen in Gold zu bezahlen. Für den expandierten weltweiten Warenverkehr waren die Goldreserven jedoch zu klein, und es war einfach zu aufwändig, Gold ständig durch die Gegend zu schicken. Man brauchte als Goldersatz also eine nationale Währung, die glaubhaft jederzeit gegen Gold getauscht werden konnte. Die einzige Währung, die in Frage kam, war der Dollar. Die amerikanische Regierung verpflichtete sich deshalb, jederzeit Gold für den Preis von 35 Dollar pro Unze zu kaufen oder zu verkaufen.

Um für die Stabilität der eigenen Währung zu sorgen, mussten andere Länder nicht mehr selber mit Gold handeln, sondern nur den Wechselkurs gegenüber dem Dollar festlegen und verteidigen. Nach den Regeln, die in Bretton Woods ausgehandelt wurden, musste ein Staat ausreichende Dollar-Reserven halten und diese kaufen oder verkaufen, damit der Wechselkurs der eigenen

Währung nicht mehr als ein Prozent nach oben oder nach unten schwankte.

Die Anerkennung des Dollars als Leitwährung und die Verpflichtung, einen festen Wechselkurs zum Dollar zu halten, war die wesentliche Abmachung in Bretton Woods. Um dieses System zu überwachen, gründete man zwei Institutionen: den »Internationalen Währungsfonds« (IWF) und die Weltbank. Jedes Mitgliedsland musste Gold, Devisen und eigene Währung in den Fond einzahlen und erwarb damit das Recht – unter strengen Auflagen – bei Zahlungsschwierigkeiten einen Kredit aufzunehmen. Wenn eine Währung aus dem Gleichgewicht kam, wachte der IWF darüber, dass das betroffene Land seine Probleme löste, ohne andere Länder in Mitleidenschaft zu ziehen. Der IWF konnte dabei allerdings selber keine Hilfe anbieten. Dafür wurde die Weltbank gegründet, die hauptsächlich durch günstige Darlehen Entwicklungsprojekte finanziert – ursprünglich für den Wiederaufbau nach dem Zweiten Weltkrieg, heute für wirtschaftliche Entwicklung in der Dritten Welt.

Das System von Bretton Woods währte, bis die Vereinigten Staaten in den sechziger Jahren begannen, den Vietnamkrieg mit der Notenpresse zu finanzieren. 1971 musste Präsident Nixon die Verpflichtung, Dollar in Gold einzulösen, kündigen. Als der festgelegte Wechselkurs von vier Mark zu einem Dollar zwei Jahre später freigegeben wurde, fiel der Kurs des Dollar auf unter zwei Mark. Damit endete auch die künstliche Benachteiligung der deutschen Wirtschaft gegenüber der US-Wirtschaft.

Zürich

Eine Methode, mit der ein Staat seine Macht und seinen Reichtum vermehren kann, ist, erfolgreich Krieg zu führen. Die bessere Methode besteht aber darin, alle Nachbarn gegeneinander Krieg

Renovierter Hauptsitz des Crédit Suisse am Paradeplatz in Zürich, 2006.

führen zu lassen und sich selbst herauszuhalten. Die Schweiz ist diesen zweiten Weg gegangen. Für ein kleines Land mitten im kriegsfreudigen Europa ist das eine beträchtliche Leistung. Zum letzten Mal wurde die Schweiz in einen Krieg hineingezogen, als Napoleon gegen Österreich marschierte. Doch mit der Niederlage der Franzosen besiegelten die Siegermächte 1815 beim Wiener Kongress die Unverletzlichkeit der bis heute geltenden Grenzen der Schweiz, ihre immer währende Neutralität sowie ihre Unabhängigkeit.

Wie durch ein Wunder gelang es der Schweiz auch im 20. Jahrhundert ihre Neutralität zu bewahren, obwohl zwei Kriege über Europa und die ganze Welt hinwegfegten. Eine solche Neutralität will zäh und geschickt verteidigt werden: Die Schweiz hat sich militärisch gewappnet und Rückzugsgebiete in den Alpen gesichert, vor allem aber sich mit den Achsenmächten arrangiert, die das Alpenland vollständig einschlossen. Im Gegenzug dafür, dass die Italiener es den Schweizern erlaubten, lebensnotwendige Güter per Bahn von Genua zu importieren, duldeten die Eidgenossen Verkehr durch den Gotthard zwischen Italien und Deutschland. Außerdem arbeitete die Schweiz als Devisenumschlagplatz: Die Deutsche Reichsbank wickelte drei Viertel ihrer ins Ausland gehenden Goldtransaktionen über die Schweiz ab. Sie konnte auf diesem Weg geraubtes Gold aus den besetzten Staaten sowie Schmuck- und Zahngold aus den Vernichtungslagern gegen Devisen tauschen.

Der Boom der Schweizer Banken nach Kriegsende hat sicherlich auch fragwürdige Ursachen: Die Geldinstitute zahlten die deponierten Devisen von Holocaustopfern nicht an deren Erben aus, mit der Begründung, dass keine Sterbeurkunden existierten oder dass es keine Belege für die Konten gab. Allerdings war der wichtigste Grund für den Erfolg des Schweizer Bankenplatzes die einfache Tatsache, dass alle anderen europäischen Länder bis auf den Boden zerstört waren.

Das Zentrum der Schweizer Finanzwelt ist Zürich, in deren Ballungsraum über eine Million Menschen wohnen, die größte Ansiedlung der Schweiz. Jeder dritte Einwohner der Stadt besitzt keinen Schweizer Pass. Neben den Banken zählen auch die Börse, die Versicherungsunternehmen, die Industrie und die Forschungsinstitute zur Weltspitze. Die Attraktivität der Schweizer Banken für internationale Kunden liegt zum guten Teil an dem berühmten Bankgeheimnis. Eingeführt 1934, um die Konten deutscher Juden vor der Beschlagnahmung durch die Nazis zu schützen, wird das Gesetz oft als Hilfestellung zu Steuerhinterziehung und Geldwäsche angeprangert. Obwohl es nach wie vor als Straftat geahndet wird, wenn ein Bankangestellter Daten aus der Privatsphäre eines Kunden preisgibt, wurde 2003 unter internationalem Druck das Bankgeheimnis aufgeweicht, vor allem damit die Polizei leichter an Informationen über kriminell erworbenes Vermögen kommt.

Zürich wird nach wie vor als sicherer Hafen für Geld gesehen – politisch stabil, militärisch unbedroht, von Geldentwertung praktisch unberührt. Heute wird ungefähr ein Drittel der weltweit vorhandenen transnationalen Privatguthaben von Schweizer Institutionen verwaltet, diese Summe übersteigt das Bruttoinlandsprodukt der Schweiz um das Zehnfache.

Cyberspace

Athen hatte die Agora, Rom das Forum. Im Mittelalter sammelte man sich regelmäßig auf den Marktplätzen, nicht nur um Güter zu kaufen und zu verkaufen, sondern auch um Neuigkeiten aus Politik und Gesellschaft zu hören und zu diskutieren. Diese Bedürfnisse hat auch der moderne Mensch, nur: Wo geht er hin?

Wirtschaftlicher und politischer Austausch finden zunehmend im Cyberspace statt, einem Raum, der nirgendwo existiert und doch von überall zugänglich ist. Cyberspace ist ein Kunstwort aus einem Science-Fiction-Roman und bezeichnet einen Platz, wo Menschen agieren und interagieren können, der aber nur in einem Rechner existiert – gewissermaßen nur als gemeinsame Halluzination. Das Internet hat verschiedene solcher künstlicher Foren: etwa Chat-Räume und Tauschbörsen, die als erste Verwirklichung eines Cyberspace angesehen werden können.

Im Cyberspace ist es meist unwichtig, wo in der realen Welt ein Dienst angeboten wird oder wo eine Person sich befindet. Es ist sogar schwierig festzustellen, wer eine Person in Wirklichkeit ist. Viele Benutzer empfinden das als befreiend und schwärmen von der Freiheit und Gleichheit der neuen Welt.

Allerdings sind diese Freiräume auch eine Einladung zu Betrug und Missbrauch. Wenn man nicht sicher ist, mit wem man ein Geschäft tätigt, kann man auch nicht sicher sein, dass derjenige wie vereinbart wirklich eine Ware liefert bzw. bezahlt. Selbst wenn man die Person ausfindig macht, kann man sie oft nicht belangen, z. B. wenn sie ihren Rechner auf einer Insel im Pazifik aufgestellt hat. Außerdem ist es recht leicht, Informationen und Ideen im Internet zu stehlen.

Erste Schritte sind getan, um das Netz sicherer zu machen: Web-Seiten werden inzwischen verschlüsselt, die gleiche Technologie eignet sich, um private E-Mails wirklich privat zu halten. Die meisten Leute finden das aber zu aufwändig und schreiben statt

Wichtige Schauplätze

Die Entwicklung des so genannten E-Commerce seit 1999.

»E-Briefen« praktisch »E-Postkarten«, die im Prinzip jeder lesen kann. Bei Bankgeschäften muss man sich immerhin zusätzlich mit einer Transaktionsnummer (TAN) ausweisen. Doch das Internet sollte nicht nur mit großen Institutionen wie Banken funktionieren, sondern jeden mit jedem in einem demokratischen Netz verbinden.

Das Online-Auktionshaus eBay hat eine gute Lösung gefunden: gegenseitige Bewertungen. Nach jedem Geschäftsabschluss teilen die Partner öffentlich mit, was sie voneinander halten. Ein guter Ruf war in der Geschäftswelt schon immer wichtig, im Cyberspace ist es erst recht bedeutsam, sich um gute Bewertungen zu bemühen.

Die Stärke des Cyberspace ist die Leichtigkeit, mit der Information hin und her fließt, doch gerade das kann oft ein Problem sein.

Warum soll eine Agentur Nachrichten ins Internet stellen und sie damit an Millionen weiterreichen, die nicht dafür bezahlen? Warum soll eine Firma unabhängige Vergleiche von Versicherungen anbieten, wenn die Kunden sich zwar informieren, doch lieber bei ihrem Vertreter abschließen? Aus solchen Gründen sind viele Internetfirmen in Konkurs gegangen. Jene, die überlebt haben, verdienen ihr Geld nicht mit einem eigenen Produkt, sondern mit Werbung oder Zusatzdiensten.

Mittlerweile hat die seriöse Geschäftswelt gelernt, einen Teil des Cyberspace zu zähmen. Doch die »Piraten« haben noch nicht aufgegeben. Musik wird nach wie vor gerne über illegale Börsen getauscht. Open-source Software, ehrenamtlich geschrieben und unentgeltlich verteilt, wird selbst von Microsoft gefürchtet. Das Online-Lexikon ›Wikipedia‹, das jeder mit seinem Wissen ergänzen darf, ist eine echte Konkurrenz zum ›Brockhaus‹ geworden.

Die weitere Entwicklung ist offen und unvorhersehbar. Auch ein Philosoph auf der Agora hätte vielleicht genug Fantasie besitzen können, um sich eine Demokratie mit vielen Millionen Bürgern vorzustellen – aber nie eine, in der auch Frauen und Sklaven wählen dürfen.

Meilensteine

Blüte der Demokratie in Athen

Ob Aristokratie oder Monarchie, ob Diktatur oder Asyl, ob Kanzler oder Parlament – nahezu alle Begriffe aus der Politik stammen von den Griechen und Römern. Das Altertum war ein Experimentierfeld politischer Gesellschaftsordnungen, man probierte alles aus, kaum etwas blieb unversucht. Dabei war die Antike auch die Zeit, in der sich dichter bewohnte Siedlungen gebildet hatten, man also mehr als zuvor überlegen musste, wie Menschen zusammenleben und wie sie regiert werden sollten – welche Politik also verfolgt werden sollte.

»Politik« kommt von *Polis*, die sich als Gemeinschaft von Einwohnern einer bestimmten sozialen Schicht und Herkunft verstand, was auch als Abgrenzung gegen Fremde gemeint war. Wer zur Polis gehörte, hatte Rechte und Pflichten – was ursprünglich nichts anderes bedeutete als »Demokratie« (die »Herrschaft des Volkes«). Demokratie war also schon bekannt, wirklich beispielhaft wurde sie allerdings nur in Athen entwickelt.

Athen war im 7. Jahrhundert v. Chr. durch seine zentrale Lage und durch den Seehafen Piräus wohlhabend geworden – ein Königreich, in dem ein Adelsrat mitregierte und auch gewählte Stadtbeamte viel Macht hatten. Doch die Spannungen zwischen den Bürgern und den Herrschenden innerhalb der Stadt nahmen zu: Nach einem Staatsstreich und dem autoritären Regime von Drakon mit den sprichwörtlich gewordenen »drakonischen Strafen« sollte ein Verfassungsentwurf die Interessen der Adligen und der Stadtbürger ausgleichen. Die Athener wurden in vier Klassen ein-

Blüte der Demokratie in Athen **139**

Die Akropolis in Athen als Symbol für politisches Denken und Handeln in der Antike: Tempel der Athene, 5. Jh. v. Chr.

geteilt, von denen allerdings nur Vertreter der Obersten politische Ämter übernehmen durften. In der Volksversammlung erhielten alle Klassen ein Stimmrecht – das erste demokratische Element in der Athener Verfassung.

Es folgte eine kurze Zwischenepisode, während derer im Jahr 541 v. Chr. Peisistratos, später seine Söhne Hippias und Hipparchos, die »Herrschaft des Einzelnen«, die »Tyrannis«, noch einmal etablieren wollten. 510 gelang es, sie zu beseitigen und es begann – parallel zum wirtschaftlichen Aufstieg Athens, das mit dem attischen Seebund bald große Teile Griechenlands und Kleinasiens beherrschte – ein Demokratisierungsprozess.

Als Vollbürger galten Männer über 20 Jahre, die auch das athenische Bürgerrecht besaßen. Ausgeschlossen waren Frauen,

Sklaven und Fremde. Man schätzt, dass nur etwa ein Viertel der Bevölkerung wirklich zum »Demos«, also zum Volk, gezählt werden konnte. An den Volksversammlungen beteiligten sich meist 2000 bis 3000 Personen. Obwohl es einen »Rat der 500« gab, der Gesetze vorbereitete, lag die wirkliche Macht bei der Volksversammlung, die – im Gegensatz zur modernen Demokratie, in der das Volk nur alle vier oder fünf Jahre Vertreter wählt – andauernd in die Entscheidungsbildung der Gemeinschaft eingebunden war.

Der Demos hielt jederzeit die Macht in den Händen, sowohl in der Volksversammlung als auch in den Geschworenengerichten, wo per Los ausgewählte Laienrichter saßen, deren Urteile die Volksversammlung allerdings in der Regel nicht aufheben konnte. Eine Gewaltenteilung, wie sie heute in allen modernen Demokratien der Welt praktiziert wird, existierte nicht. Ämter wurden unter allen Bürgern ausgelost, sie durften ihr Amt nur ein Jahr ausüben und nicht wiedergewählt werden. Ausgenommen davon waren die Strategen, die auch nicht gelost wurden, der Volksversammlung aber Rechenschaft ablegen mussten. Perikles dürfte der bekannteste von ihnen gewesen sein.

Die Staatsform der Demokratie war nicht unumstritten. Immerhin konnte die Volksversammlung – oft unter dem Einfluss von Rednern, den Demagogen – Bürger, die man für gefährlich hielt, verurteilen oder in die Verbannung schicken. Einige Entscheidungen der Volksversammlung erwiesen sich schließlich als fatal: Zum Beispiel war ein von ihr beschlossenes Handelsverbot letztlich der Auslöser der Peloponnesischen Kriege. Auch die Tatsache, dass Laien die Position von Richtern in den Geschworenengerichten einnahmen, mutet aus heutiger Sicht falsch an.

Im 4. Jahrhundert v. Chr. formulierte der Philosoph Aristoteles seine Zweifel. Ihm zufolge kann jede Staatsform – auch die Demokratie – entarten, wenn der Einfluss der Massen überhand nimmt. Allerdings lehnte er die Demokratie nicht strikt ab, wie das sein Lehrer Platon noch getan hatte, doch er plädierte für eine Mischverfassung zwischen Demokratie und Oligarchie (der »Herrschaft weniger«). Er glaubt, dass eine einfache Demokratie unweigerlich in Anarchie verfalle, in der ein Tyrann sich dann zum Monarchen aufschwingen würde. Aristoteles übrigens emigrierte, weil er nach dem Tod seines früheren Schülers Alexander des Großen, keinen Schutz mehr genoss.

Jahrzehnte der atlantischen Revolutionen

Seit Mitte des 18. Jahrhunderts beherrschte in Europa der kritische Geist der Aufklärung die Gesellschaft. Philosophen wie Voltaire und Rousseau propagierten die Idee der Menschenrechte. In Salons und Freimaurerlogen wurde diskutiert, Zeitschriften veröffentlichten revolutionäre Ideen. Das Bürgertum war im Laufe des Jahrhunderts einflussreicher geworden, weil es vom Handel, der den Adligen verboten war, profitierte.

In dieser Aufbruchsstimmung kam es zu zwei Umstürzen, die eine Zäsur für die westliche Welt bedeuteten: Die Unabhängigkeit der britischen Kolonien in Nordamerika und die Französische Revolution. Aus heutiger Sicht paradox, unterstützte Frankreichs König Ludwig XVI. die amerikanischen Unabhängigkeitskämpfer, obwohl sie eine demokratische Verfassung anstrebten. Später wird der französische General La Fayette nach amerikanischem Vorbild eine »Erklärung der Menschen- und Bürgerrechte« in die Pariser Nationalversammlung einbringen.

Im Siebenjährigen Krieg von 1756 bis 1763 hatten die 13 britischen Kolonien in Nordamerika noch die Interessen der Krone gegenüber Frankreichs kolonialen Ambitionen verteidigt. Doch als die Londoner Regierung versuchte, über Steuererhöhungen die Kriegskosten zu decken, machte sich Unmut breit: Unter dem Schlagwort »No taxation without representation« lehnten viele Kolonisten die Steuererhöhung ab, solange sie nicht im Londoner

Unterhaus vertreten waren. Doch das britische Parlament war dagegen und schickte stattdessen Truppen nach Amerika. Die Kolonisten reagierten mit einem Boykott von Waren aus England, der in der »Boston Tea Party« von 1773 gipfelte. An diesem Tag drangen Bostoner Bürger in den Hafen ein und warfen drei Ladungen Tee ins Wasser. 1775 entschieden sich die Delegierten des Kontinentalkongresses für die Trennung vom Königreich. Der Unabhängigkeitskrieg konnte allerdings erst 1783 beendet werden.

In der »Declaration of Independence«, die der Landbesitzer Thomas Jefferson maßgeblich vorbereitet hatte und die am 4. Juli 1776 verabschiedet wurde, beschrieb der Kongress, warum es rechtens sein sollte, sich für unabhängig zu erklären: Gemäß der Naturrechte gebühre es dem Volk erstens unter bestimmten Umständen, eine alte Regierung durch eine neue zu ersetzen. Zweitens steht in der Erklärung, dass die britische Krone die natürlichen Rechte der Kolonisten verletzt hat. Daraus schlussfolgerten sie, drittens, dass die Loslösung von England rechtens war. 1787 gaben sich die früheren Kolonien eine Verfassung, die 1789 in Kraft trat.

Die Unabhängigkeitserklärung wird fortan Vorbild für andere Staaten sein. Zunächst aber konnte die Idee von Menschenrechten und Demokratie sich nur in Frankreich ausbreiten. Dort befand die Monarchie sich nicht nur wegen des Geistes der Aufklärung in der Krise, sondern auch wegen der schlechten Wirtschaftslage: Der Staat war bankrott, wegen Missernten waren die Brotpreise stark gestiegen. Dagegen protestierten die Pariser vor dem Königspalast der Tuilerien, woraufhin Königin Marie-Antoinette gesagt haben soll: »Warum essen sie nicht Kuchen?«

In jenen Zeiten mussten Adel und Klerus keine Steuern zahlen, doch Ludwig XVI. erkannte, dass ohne eine Besteuerung dieser Stände Reformen nicht möglich waren. Alle Versuche scheiterten zunächst am Widerstand des Adels, woraufhin der König 1789 die Generalstände zusammenrief. Damit begann im Grunde die Französische Revolution: Die Generalstände stritten darüber, wie gewählt werden sollte – der dritte Stand erklärte sich daraufhin am

17. Juni 1789 zur »Nationalversammlung« und damit zur alleinigen Vertretung der Nation.

Zur gleichen Zeit revoltierte die Bevölkerung von Paris, Bürger übernahmen die Stadtverwaltung, es bildeten sich Milizen. Am 14. Juli stürmten Bewaffnete das Gefängnis La Bastille, seitdem wird dieser Tag als Nationalfeiertag begangen. Auf dem Land brachen Aufstände und Plünderungen aus, woraufhin die Nationalversammlung beschloss, die Eigentumsrechte der Feudalherren zu opfern, um die der Bürger zu schützen. Alle feudalen Rechte wie Jagdrecht, Leibeigenschaft und Steuerbefreiung wurden abgeschafft, jedem Bürger gleiche Rechte zugestanden. Ludwig XVI. musste sich beugen, das »Ancien Régime« war endgültig Vergangenheit.

Am 26. August 1789 verkündete die Nationalversammlung auf Vorschlag von La Fayette die Menschen- und Bürgerrechte, die mit dem berühmten Satz beginnen: »Alle Menschen werden frei und gleich an Rechten geboren und bleiben es.« Allerdings trat erst 1793 eine neue Verfassung in Kraft, welche die Monarchie abschaffte und Frankreich zur Republik machte.

Zu weiteren Revolutionen kam es Mitte des 19. Jahrhunderts in weiten Teilen Mitteleuropas: Italienische Revolutionäre erhoben sich 1848 gegen die Herrschaft der österreichischen Habsburger im Norden ihres Landes und der spanischen Bourbonen im Süden. Mit der Februarrevolution vertrieben die Franzosen ihren König Louis Philippe. Auch in deutschen Fürstentümern, etwa der Pfalz und in Baden, brachen Unruhen aus. Fast überall jedoch wurden die Aufstände niedergeschlagen.

Industrielle Revolution

Wie arm die deutschen Weber im 19. Jahrhundert waren und wie sie ausgebeutet wurden – das haben Schriftsteller wie Heinrich Heine oder Gerhart Hauptmann eindrücklich geschildert. Sie waren, mit vielen anderen, Opfer der industriellen Revolution, die zuerst England, später das restliche Europa und Nordamerika erfasste. Revolution deshalb, weil die Lebens- und Arbeitsbedingungen sich grundlegend änderten – so grundlegend wie wahrscheinlich zuletzt während der »neolithischen Revolution«, als die Nomaden sesshaft wurden.

> »Das Schiffchen fliegt, der Webstuhl kracht,
> Wir weben emsig Tag und Nacht –
> Altdeutschland, wir weben dein Leichentuch,
> Wir weben hinein den dreifachen Fluch,
> Wir weben, wir weben!«
> *Aus ›Die schlesischen Weber‹ von Heinrich Heine*

Die »industrielle Revolution« – der Ausdruck stammt von dem deutschen Sozialisten Friedrich Engels und seinem französischen Gegenpart Louis-Auguste Blanqui – spielte sich von etwa 1780 bis 1830 ab und markierte den Übergang von der Agrar- zur Industriegesellschaft. Die Lebensbedingungen änderten sich für die Bevölkerung, weil mit der Einführung von Maschinen Fabriken entstanden. Viele Menschen siedelten vom Land in die Stadt, wo sie unter teilweise ärmlichen Bedingungen lebten, die Gegensätze zwischen reichen Bürgern und armen Arbeitern verschärften sich. Betrachtet man allerdings die gesamte Bevölkerung, dann stieg durch die industrielle Revolution der Lebensstandard.

Wenn auch bis ins 19. Jahrhundert hinein viele Betriebe noch Pferde oder auch menschliche Muskelkraft nutzten, um ihre Maschinen anzutreiben, so war die Dampfmaschine doch die wichtigste Innovation, welche die industrielle Revolution in Gang setzte. Erfunden hat sie der Brite Thomas Newcomen bereits im

Jahr 1712, doch sein Exemplar war sehr sperrig und der Wirkungsgrad gering. Um 1770 verbesserte James Watt die Dampfmaschine, so dass sie in allen möglichen Größen und Formen für Werkbänke, Lokomotiven oder Boote genutzt werden konnte. Parallel dazu gab es Fortschritte bei der Herstellung von Werkzeug, etwa von Metallspindeln für die mechanischen Webstühle.

Vorreiter bei der Mechanisierung der Arbeit war die Textilverarbeitung. Wo zuvor Bauern und Handwerker in Handarbeit Wolle sponnen und webten, brachte der mechanische Webstuhl eine völlig neue Arbeitsweise und -organisation. Schritt für Schritt wurden die Webstühle verbessert. Aus den Manufakturen, die noch Handwerksbetrieben ähnelten, entstanden Fabriken, in denen die Arbeit rationalisiert wurde. Die Produktivität stieg stark an.

Auch der Bergbau profitierte von der Dampfmaschine, die Wasser in Stollen nach oben pumpte. Die größere Verfügbarkeit von Kohle wiederum verbesserte die Eisenverarbeitung. Je mehr Produkte hergestellt wurden, umso mehr benötigte man Straßen und Eisenbahnen, um sie zu transportieren. Die Zeit der industriellen Revolution war deshalb auch die Zeit des Straßenbaus und natürlich der dampfbetriebenen Eisenbahn.

Die sozialen Folgen der Umbrüche waren gewaltig. Bauern zogen in die Städte, die rapide wuchsen. Viele Menschen lebten in Slums auf engstem Raum unter ärmlichsten Bedingungen. Die Kinderarbeit, die schon immer existiert hatte, breitete sich aus. Manch ein Fabrikbesitzer hielt sich gar für sozial, wenn er Kinder ab fünf Jahre arbeiten ließ, weil diese damit ihre Familien unterstützten. 1833 trat in England das erste Gesetz gegen Kinderarbeit in Kraft, Kinder unter neun Jahren durften nicht arbeiten, und der Arbeitstag von Jugendlichen blieb auf zwölf Stunden begrenzt.

Die Industrialisierung wirkte sich aber auch auf die Gesellschaft als Ganzes aus. Durch Dampfmaschinen wurden Druckmaschinen effizienter, Zeitungen und Bücher erreichten ungeahnte Auflagen. Auch das führte – neben politischen Umwälzungen wie der Französischen Revolution – zur Gründung von Gewerkschaf-

Eine typische Fabrik in der zweiten Hälfte des 19. Jahrhunderts.

ten und einer stärkeren Beteiligung der Menschen an der Politik. Die gescheiterten Revolutionen in Mitteleuropa Mitte des 19. Jahrhunderts, aber auch eine zunehmende Verarmung führten dazu, dass viele Menschen nach Nordamerika auswanderten. Arbeit wurde nicht mehr zu Hause verrichtet, weshalb sich das Arbeits- und Familienleben aufspalteten. Während Männer in der Fabrik einer Erwerbsarbeit nachgingen, mussten Frauen sich verstärkt um die Kinder kümmern.

Dass die industrielle Revolution in England begann und sich erst nach mehreren Jahrzehnten nach Europa und Nordamerika ausbreitete, was Großbritannien einen erheblichen Vorsprung verschaffte, hatte verschiedene Gründe. Durch seine Kolonien verfügte das Königreich über viele Rohstoffe, insbesondere Baumwolle aus Indien. Auch war das Land als eines der wenigen in Europa nicht durch die Kriege Napoleons in Mitleidenschaft gezogen. Seine zahlreiche Bevölkerung lebte auf relativ engem Raum, es fehlte also nicht an Arbeitskräften. Schließlich war die politische Lage seit Ende des 17. Jahrhunderts ziemlich stabil.

Die Elektrifizierung Ende des 19. Jahrhunderts brachte noch einmal einen wichtigen Schub für die Industrie, weshalb man von einer »zweiten industriellen Revolution« spricht. Sie dauerte von etwa 1870 bis zum Beginn des Ersten Weltkriegs. Fotografie, Radio, Grammofon waren nur einige der zahlreichen Erfindungen dieser Zeit. Die Lithografie vereinfachte die Herstellung von Zeitungen, Verbrennungsmotoren machten Autos möglich.

Börse

Wohin verschwindet das Vermögen, wenn die Börse »kracht«? Am Morgen des 18. Oktober 1987 rechneten Wall-Street-Investoren aus, wie viel Geld sie hatten und waren recht zufrieden. Am Ende des Tages machten sie Kassensturz und entdeckten, dass 500 Milliarden Dollar verloren gegangen waren. Aber wohin? Auf dem Papier ist Geld vernichtet worden, in der Welt aber haben sich die Fabriken, die Warenlager, die Gebäude und die Zahl der Autos nicht verändert.

Eine »Börse« ist zunächst einfach ein Markt, meistens ein Ort, zumindest aber ein System, in dem Käufer und Verkäufer zusammenkommen können, um Waren gegen Geld zu tauschen. Meistens meint man mit der Börse einen Markt, an dem Aktien, also Firmenanteile, gehandelt werden, und zwar nach bestimmten Regeln: Um zum Beispiel in der New York Stock Exchange gehandelt zu werden, muss eine Firma Aktien mit einem Wert von mindestens 100 Millionen Dollar ausgeben und in den vergangenen drei Jahren mehr als 10 Millionen Dollar verdient haben. Der Zweck einer Börse besteht darin, den Markt übersichtlich und zahlungskräftig zu hal-

> **Die Frankfurter Börse**
>
> Die Frankfurter Wertpapierbörse ist die bedeutendste Börse Deutschlands und eine der größten der Welt. Schon im Mittelalter war Frankfurt am Main eine wichtige Messestadt geworden. Da zu dieser Zeit jedes Territorium des Deutschen Reiches seine eigenen Münzen prägte, war der Geldverkehr in Frankfurt unübersichtlich und Betrügereien kamen häufig vor. Deshalb legten 1585 einige Kaufleute einheitliche Wechselkurse fest: Die Wertpapierbörse war geboren. Seit 1997 gibt es das elektronische Handelssystem Xetra, über das inzwischen 90 Prozent des Handels abgewickelt werden. Der DAX (Deutscher Aktienindex) berechnet sich aus den Xetra-Kursen der 30 größten deutschen Aktiengesellschaften. Im Jahr 2004 betrug der Aktienumsatz an der Frankfurter Börse fast 1000 Milliarden Euro. Dazu kamen 700 Milliarden Euro Rentenpapiere und 1600 Milliarden Euro Optionsscheine und Fonds.

ten, die Transaktionskosten zu verringern und die Preise vor Manipulationen zu schützen – kurzum: den Markt effizient zu gestalten.

In Märkten für Handelswaren wie Mineralöl oder Weizen wird der Preis unmittelbar durch den Nutzen für die Käufer bestimmt. Bei Aktien wird der Preis nur zu einem geringen Teil dadurch bestimmt, welche Gewinne von der Firma erwartet werden, zum größeren Teil stattdessen durch die Erwartung, dass der Aktienpreis steigt.

Viele Anleger kümmern sich nicht einmal um die groben Kennzahlen eines Unternehmens, sondern beobachten lediglich die historische Entwicklung des Kurses. Ein solches System birgt die Gefahr, dass die Aktienkurse ohne objektiven Grund nach oben schnellen oder auch unvermittelt zusammenfallen. Neuerdings hat sowohl die Benutzung von Computerprogrammen, die selbstständig entscheiden, wann ein Geschäft getätigt werden soll, als auch der Handel mit »Derivaten« die Instabilität des Marktes erhöht: Wenn Aktien den Wert einer Fabrik abstrakt darstellen sollen, sind Derivate eine noch höhere Abstraktionsebene – Wertpapiere, die nur etwas wert sind, wenn die Aktien einer Firma fallen oder der Dollar gegenüber dem Yen steigt.

Wenn ein Anleger seine Aktien zum Kauf anbietet, verschiebt sich das Gleichgewicht von Angebot und Nachfrage so, dass der Preis etwas fällt. Der nächste Anleger möchte keine Aktien mit sinkendem Preis haben und verkauft ebenfalls. Damit werden Fluktuationen verstärkt, auch wenn sich an dem objektiven Wert der Firma nichts geändert hat. Ein rationaler Anleger mag denken, dass es der Firma immer noch gut geht, aber wenn er seine Aktien behält, verliert er trotzdem. Am Schluss verkaufen alle so schnell wie möglich, was zu einem allgemeinen Börsencrash führen kann.

Der erste Börsenkrach passierte im Jahre 1637 in Holland. Es ging nicht um Aktien, sondern um Tulpenzwiebeln. Am Anfang des Jahres lag der höchste Preis für eine einzige Zwiebel der wertvollsten Sorte bei einigen tausend Gulden, was heute annähernd hunderttausend Euro entspricht. Am 7. Februar fielen die Preise um

Bulle und Bär vor der Frankfurter Börse.

über 90 Prozent und in den folgenden Wochen noch weiter. Viele holländische Bürger, die ein Vermögen mit Tulpenspekulation zu machen hofften, hatten alles verloren.

Der berühmteste und folgenschwerste Börsenkrach begann am »Schwarzen Donnerstag«, dem 24. Oktober 1929. An dem darauf folgenden Montag und Dienstag fiel der Dow Jones Index, ein Mittelwert der Aktienkurse der wichtigsten amerikanischen Unternehmen, auf insgesamt 24,5 Prozent. Die Talsohle war erst im Juli 1932 erreicht, als der Dow Jones nur noch ein Zehntel seines höchsten Wertes vom 3. September 1929 betrug. Der Börsenkrach leitete die Weltwirtschaftskrise ein. In Deutschland wurden die öffentlichen Gehälter um ein Viertel gekürzt, jeder Dritte war arbeitslos.

Natürlich hat man Lehren aus dem Schwarzen Donnerstag gezogen. Seitdem dürfen Aktienkäufe nicht beliebig mit Kredit finanziert werden, und der Handel darf bei extremem Kursverfall zeitweise ausgesetzt werden, um Panik zu vermeiden. Allerdings konnten auch diese Maßnahmen den Börsenkrach von 1987 nicht verhindern, und niemand weiß, wann der nächste Crash kommt und ob er noch schlimmer sein wird als bisherige.

Trinity Test

Die Wetten waren abgeschlossen: Als am 16. Juli 1945 in der Wüste New Mexikos die erste Atombombe explodierte, wussten die Experten des geheimen US-Projekts »Manhattan« selbst nicht, welche Explosionskraft sie mit dem »Trinity Test« freigesetzt hatten. Geschweige denn ahnten sie, welche dramatischen Folgen ihre Forschung haben würde. Manche wetteten, dass die Bombe gar nicht explodieren würde, andere, dass der Bundesstaat New Mexico zerstört würde. Die Wette gewann der US-Physiker Isidor Rabi, der mit seiner Vorhersage von 18 Kilotonnen Explosionskraft dem tatsäch-

Amerikanischer Atomwaffentest, Mitte der 50er Jahre.

lichen Wert von 20 Kilotonnen am nächsten kam. Drei Jahre lang hatten Zehntausende von Wissenschaftlern in Los Alamos auf diesen Augenblick hingearbeitet. Der erfolgreiche Trinity Test, bei dem eine Plutonium-Bombe explodiert war, leitete das Ende des Zweiten Weltkriegs und den Beginn des nuklearen Zeitalters ein. Am 6. August 1945 ließ ein US-Flugzeug die Uran-Bombe »Little Boy« über der japanischen Stadt Hiroshima fallen, drei Tage später explodierte »Fat Man« über Nagasaki. Beide Städte wurden vollständig zerstört, mindestens 120 000 Menschen starben, Japan kapitulierte.

Seitdem sind über 2000 weitere Atombomben detoniert, glücklicherweise nur zu Testzwecken. Fünf Staaten sind offizielle Atommächte: USA, Russland (das die Kernwaffen der früheren Sowjetunion geerbt hat), Großbritannien, Frankreich und China. Israel, Indien und Pakistan besitzen inzwischen Atombomben, vermutlich auch Nordkorea.

Nach dem Zweiten Weltkrieg bauten die Nuklearmächte ihre Arsenale aus und »verbesserten« die Leistungsfähigkeit der Bomben und die Treffsicherheit der Raketen. Mit ihrer Nuklearstrategie verfolgten die Supermächte USA und Sowjetunion während des Kalten Krieges das Ziel, sowohl den jeweils anderen abzuschrecken als auch im Ernstfall für den Erstschlag bereit zu sein. Ob die nukleare Abschreckung letztlich zu einem »Gleichgewicht des Schreckens« geführt hat, welches einen dritten Weltkrieg verhindert hat, ist unklar. Einerseits war die Welt ein paar Mal einer nuklearen Konfrontation nah: Während der Kuba-Krise etwa, als die Sowjetunion Raketen auf der Karibikinsel stationiert hatte, standen die Supermächte kurz vor dem Krieg. Andererseits ist durchaus plausibel, dass das Szenario eines Atomkriegs doch ausreichend bedrohlich war, um die Nuklearmächte davon abzuhalten.

Aus Gründen der Strategie, aber auch der Sicherheit wollten die fünf Atommächte verhindern, dass andere Staaten in den Besitz von Kernwaffen kamen. Mit seinem Vortrag »Atome für den Frieden« warb der US-Präsident Dwight Eisenhower 1953 für eine internationale Atombehörde. Sie sollte zwei Ziele verfolgen: die zivile Nutzung der Kernenergie vorantreiben und die Weiterverbreitung von Material für den Bombenbau (»Proliferation«) verhindern. 1957 entstand die IAEA (International Atomic Energy Agency). Die Zwitterrolle der IAEA haben Gegner der Atomenergie stets kritisiert. Sie kommt allerdings zwangsläufig dadurch zustande, dass bei der Kerntechnik zivile und militärische Nutzung dicht nebeneinander liegen. In Kernkraftwerken entsteht spaltbares Material, das – bei entsprechenden Anstrengungen – für den Bau von Bomben missbraucht werden kann.

Hauptinstrument im Kampf gegen die Proliferation ist der Atomwaffensperrvertrag von 1970, kurz NPT (Non Proliferation Treaty). Er ruht auf drei Säulen: Erstens dürfen nur die fünf offiziellen Nuklearstaaten Atomwaffen besitzen – die drei anderen Atommächte Israel, Indien und Pakistan haben sich ihre Waffen quasi illegal beschafft und sind auch keine NPT-Mitglieder. Zweitens dürfen alle Staaten – zum Ausgleich dafür, dass sie auf Kernwaffen verzichten – Atomkraftwerke betreiben. Drittens verpflichten sich die Atommächte zur Abrüstung.

Bis in die achtziger Jahre dominierte die Angst vor dem Wettrüsten der Supermächte. Inzwischen haben Russland und die USA nach dem Ende des Kalten Kriegs ihre Arsenale stark reduziert – schätzungsweise 29 000 atomare Sprengköpfe lagern noch weltweit in Depots und auf U-Booten, von denen jeweils gut 10 000 in russischem und amerikanischem Besitz sind.

Weitaus gefährlicher sind heute die so genannten »Schurkenstaaten«, die sich nicht an Abkommen halten und heimlich ein Atomarsenal aufbauen. Dazu zählen Nordkorea, Iran und – bis 2003 – auch der Irak. Zwar hat Saddam Hussein es allen Anschein nach nicht geschafft, Bomben herzustellen, doch er konnte sich zumindest Geräte beschaffen, um Uran waffentauglich aufzubereiten. Die Umtriebe des irakischen Diktators haben deutlich gemacht, dass das Kontrollsystem der IAEA löchrig ist – Saddam führte die Inspektoren jahrelang an der Nase herum. Auch Iran beharrt darauf, spaltbares Material für seine Atomreaktoren selbst herzustellen, was die islamistische Regierung befähigen könnte, Bomben zu bauen.

Terroristen könnten sich ebenfalls auf illegalem Wege spaltbares Material beschaffen. Selbst wenn sie nicht in der Lage wären, eine echte Kernwaffe zu bauen, so könnten sie zumindest eine »schmutzige Bombe« konstruieren. Darunter versteht man konventionellen Sprengstoff, der mit radioaktivem Material versetzt ist. Die Folgen einer derartigen Explosion wären zwar nicht mit denen des Trinity Tests, geschweige denn von Hiroshima zu vergleichen – doch schmutzige Bomben könnten gleichwohl ganze Städte verseuchen.

Ölkrise

Der September 1973 schien einen erfolgreichen Herbst einzuleiten. Beide deutschen Staaten wurden als Mitglieder in die Vereinten Nationen aufgenommen, Willy Brandt sprach als erster deutscher Bundeskanzler vor der Generalversammlung in New York, und ein Fass (159 Liter) Erdöl kostete gerade drei Dollar.

Doch am 6. Oktober, am jüdischen Versöhnungstag Jom Kippur, starten Ägypten und Syrien einen Überraschungsangriff gegen Israel. Mit Unterstützung der Amerikaner konnte Israel binnen Tagen den Angriff stoppen und ihrerseits zurückschlagen. Daraufhin griffen die arabischen Länder zu einer stärkeren Waffe: Erdöl.

Am 16. Oktober drosselte die Organisation der Erdöl exportierenden Länder (OPEC) die Fördermengen um fünf Prozent. Der Preis stieg schlagartig auf fünf Dollar pro Fass und im Laufe des nächsten Jahres auf über zwölf Dollar. 1974 musste Deutschland 17 Milliarden Mark mehr für seine Ölimporte bezahlen als im Jahr zuvor. Die Wirtschaften von Amerika, Europa und Japan erlitten eine Konjunkturkrise. Nie zuvor hatte die Dritte Welt so erfolgreich gegen die Dominanz der Industrienationen aufbegehrt.

Kurzfristig konnte der Westen nicht viel anderes tun, als die Rechnung zu bezahlen und kosmetische Maßnahmen wie etwa ein Sonntagsfahrverbot einzuführen. Der Ölpreisschock führte ihm aber seine eigene Abhängigkeit und Verletzlichkeit vor Augen. Das Thema Energie wurde zum ersten Mal ernst genommen. Man machte sich sofort auf die Suche nach neuen Ölquellen, zum Beispiel in der Nordsee und in Alaska, Forschungsprojekte über alternative Energien wie Solarzellen und Kernenergie wurden begonnen.

Als der Ölpreis sich auf einem hohen Niveau stabilisierte, kam der nächste Schock. Wieder war es zu einem Konflikt zwischen Erster und Dritter Welt gekommen: Anfang 1979 floh der Schah aus Iran, und Ajatollah Khomeini übernahm die Macht. Infolge dieser

Ölkrise **155**

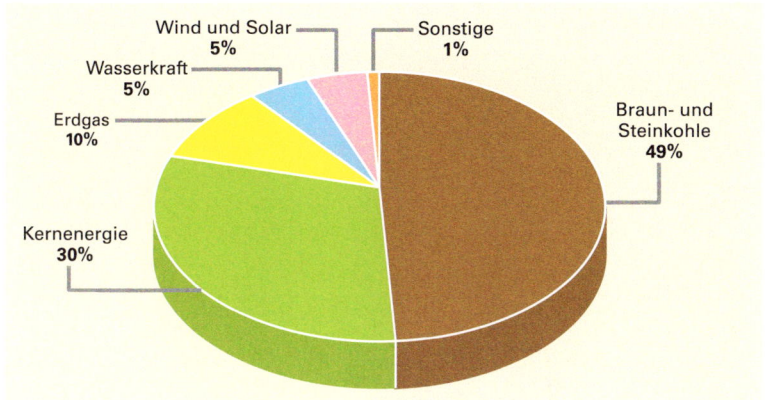

Formen der Energie, Anteil in der Bundesrepublik Deutschland, Stand 2002.

Unruhen und dem Krieg mit dem Irak sank die weltweite Ölproduktion um vier Prozent, obwohl die anderen Ölländer versuchten, das alte Niveau zu halten. Durch den Rückgang und die darauffolgende Panik verdoppelte sich der Ölpreis zunächst, doch als die Lage im Nahen Osten sich langsam stabilisierte, sank der Preis wieder. 1986 versuchten einige OPEC Staaten, ihr Einkommen zu halten, indem sie mehr Öl förderten als vereinbart. Andere Ölländer zogen nach, und der Preis sank immer schneller. Inflationsbereinigt war Erdöl im Jahr 1998 genauso billig wie im September 1973.

Doch seitdem steigt der Preis wieder. Viele sehen in diesem Anstieg den Anfang einer endgültigen Ölkrise: Die Ölreserven sind begrenzt. Hat die Fördermenge ihr Maximum einmal erreicht, könnte eine zunehmende Knappheit mit drastisch steigenden Preisen einsetzen. Nach manchen Berechnungen ist die Spitze schon überschritten, nach anderen wird sie erst in ein paar Jahren erreicht sein. Einige Experten allerdings glauben gar nicht an die Knappheit von Ressourcen. Sie argumentieren, dass die Entdeckung neuer Ölfelder in Zukunft auch moderate Preissteigerungen möglich machen wird.

> **Unsichere Energiequellen**
>
> Als Europa erkannte, wie unzuverlässig Energie aus dem Nahen Osten ist, versuchte es, neue Quellen in stabileren Gebieten zu erschließen, unter anderem in Russland. Dass auch dieser Plan Gefahren birgt, wurde im Dezember 2005 ersichtlich, als Russland seine Erdgaslieferung in die Ukraine drosselte. Die zwei Länder waren sich nicht über den Preis einig, doch politische Differenzen spielten auch eine Rolle. Einige Wochen lang, bis Russland und die Ukraine sich geeinigt hatten, kam weniger Erdgas in der EU an.

»Vorhersagen sind immer schwierig«, sagte der Physiker Niels Bohr, »vor allem über die Zukunft.« Dass der Erdölmarkt in den nächsten hundert Jahre nicht mehr so ruhig sein wird wie vor 1973, in denen er inflationsbereinigt nie mehr als um den Faktor zwei geschwankt hat, dürfte allerdings mit Sicherheit zutreffen.

Das Ende der Geschichte

36 beteiligte Staaten, zehn Millionen Tote, 20 Millionen Verletzte, vier Millionen Quadratkilometer Kampffläche – so lautet die Schreckensbilanz des Ersten Weltkriegs. Als hätte diese blutige Schlacht für ein Jahrhundert nicht ausgereicht, begann Deutschland erneut einen Krieg, der – mit 62 beteiligten Staaten, 50 Millionen Toten, 35 Millionen Verletzten und 22 Millionen Quadratkilometern Kampffläche – noch schrecklicher ausfiel.

Die Folgen des Zweiten Weltkriegs reichten weit: Europa wurde geteilt, der Kalte Krieg zwischen den Supermächten Amerika und Sowjetunion bestimmte jahrzehntelang die Weltpolitik. Die Menschheit starrte auf die Atomarsenale, fürchtete das Schlimmste und hoffte auf das Beste. Doch dann passierte es wirklich, nicht plötzlich, doch immerhin so rasch, dass niemand damit rechnete: Die Sowjetunion öffnet sich und entlässt ihre Satellitenstaaten in die Freiheit. Die Mauer fällt, Deutschland ist wieder vereinigt. Es scheint, als habe der Westen mit seinem Kapitalismus gesiegt. Was soll jetzt noch Schlimmes passieren?

Das »Ende der Geschichte« hat wenige Jahre nach dem Fall des Eisernen Vorhangs der amerikanische Philosoph Francis Fukuyama verkündet. Die Staatsform der liberalen Demokratie ist offenbar so erfolgreich, so seine These, dass sie alle Konkurrenzmodelle – ob Faschismus, Monarchie oder Diktatur – verdrängen wird. Sie ist demnach der Endpunkt der ideologischen Entwicklung des Menschen, das Ende der Geschichte. Im Gegensatz zu anderen Staatsformen krankt die liberale Demokratie, sagt Fukuyama, nicht an inneren Widersprüchen.

Fukuyama stützt sich auf Hegel und Marx, die beide auch an die Entwicklung hin zu einer idealen Regierungsform glaubten und an ein Ende der Geschichte. Für Hegel war dies die Demokratie, für Marx der Kommunismus. Ende der Geschichte bedeutete für sie allerdings nicht, dass keine wichtigen Ereignisse mehr geschehen würden, sondern vielmehr, dass die politischen Institutionen sich kaum mehr fortentwickelten, weil sie schließlich schon ideal seien. Fukuyama, der seine These Anfang der 90er Jahre formulierte, verweist auf die Schwächen von Diktaturen und die Stärken der Demokratien, in denen sich die Ideen des freien Marktes ausbreiten konnten. Immerhin sind die USA und die großen, wirtschaftlich erfolgreichen Länder Europas auch Demokratien. Allerdings will Fukuyama nicht nur die wirtschaftliche Entwicklung bemühen. Er stützt sich auch auf Hegels Argument, wonach der Mensch nach Anerkennung strebt und dieser Wunsch die Grundlage für jegliche politische Entwicklung bildet.

Es musste nicht der 11. September 2001 kommen, um die These des Endes der Geschichte zu erschüttern. Schon zuvor hatte Fukuyamas amerikanischer Kollege Samuel Huntington die Ansicht vertreten, dass die Nationalstaaten im 21. Jahrhundert als zentrale politische Akteure ausgedient hätten. In seinem Buch ›Kampf der Kulturen‹ von 1996 beschreibt er die Ablösung der Nationalstaaten durch Kulturen und sagt deren Kampf voraus. Insbesondere durch die Globalisierung würde es zu gewalttätigen Auseinandersetzungen zwischen Muslimen und Nichtmuslimen kommen, so Huntington.

Der zähe Nahost-Konflikt, der seit der Gründung Israels im Jahr 1948 anhält, ist ebenfalls ein Beleg dafür, dass die Welt längst nicht bereit ist, zur Ruhe zu kommen. Die arabische Welt empfindet Israel als Stachel in ihrem Fleisch, der beseitigt werden muss.

Der Krieg zwischen Israelis und Palästinensern ist eine der Grundlagen für den Islamismus, eine wichtige andere ist die vermeintliche Gottlosigkeit des Westens. Wenn radikale Islamisten Bomben werfen, dann rechtfertigen sie diese oft mit dem verwerflichen »American way of life« und dem Vormachtsanspruch der USA.

Zudem gibt es einen Kontinent, der auch noch weit davon entfernt ist, ein demokratischer Kontinent zu sein: Afrika. Zwar finden sich auch dort Inseln der Stabilität, doch zugleich zerfallen reihenweise Staaten. Blutige Fehden zwischen Volksstämmen sind an der Tagesordnung, Diktatoren treiben ihr Unwesen. Solche instabilen Staaten aber verstoßen fast immer gegen Menschenrechte, sie provozieren Völkerwanderungen, greifen ihre Nachbarn an und sind Heimstatt für Terroristen. Bislang ist die internationale Völkergemeinschaft schlecht vorbereitet für den Wiederaufbau dieser zerfallenden Staaten, wie eine Vielzahl gescheiterter UN-Missionen in Afrika zeigt.

Amerika, die Schutzmacht des Westens, hat auch in ihren eigenen Reihen genügend Feinde. Vielen Europäern ist spätestens seit dem Irak-Krieg die US-Vorherrschaft suspekt, sie glauben, dass eine multipolare Welt, eine Welt also mit mehreren Supermächten, stabiler ist. Darauf müssen wir uns vermutlich ohnehin einstellen, denn Indien und China wachsen rasant. Prognosen zufolge könnte

China im Jahr 2026 die größte Wirtschaftsmacht der Erde sein, gefolgt von den USA, Indien, Japan und Deutschland. Zudem hat der rapide steigende Ölpreis deutlich gemacht, dass noch ein ganz anderer Kampf als der zwischen den Kulturen ausbrechen könnte: der Kampf um Öl und Gas. Als Ende 2005 Russland der Ukraine den Gashahn zudrehte, sollte das auch die Macht Moskaus demonstrieren. Viele rohstoffreiche Staaten sind keine Demokratien, sie könnten aber reich werden, ohne dass sie deshalb ihren Bürgern Freiheiten gewähren müssen. Zumindest im Jahr 2006 scheint es also, als ob das Ende der Geschichte noch nicht in Sicht wäre.

11. September 2001

Es gibt Ereignisse, die sich im Gedächtnis tief einprägen. Für viele Amerikaner gehört der Mord an John F. Kennedy dazu oder die Mondlandung, leider inzwischen auch der 11. September 2001. Spätestens als um 9:03 Ortszeit das zweite Flugzeug sich in das World Trade Center bohrte, wusste man, dass etwas Schreckliches passiert war – und hörte auf, an etwas anderes als an einen Anschlag zu denken.

Der bislang schwerste und folgenreichste Terroranschlag in den USA bestand aus vier Angriffen mit jeweils einem Flugzeug. Die Terroristen entführten zwischen 8:10 und 9:30 vier Inlandsmaschinen. Zwei lenkten sie in die Türme des World Trade Centers in New York, eine in das Pentagon nahe Washington. Der vierte Passagierjet sollte wohl über dem amerikanischen Kongress, dem Weißen Haus oder aber über dem Landsitz des US-Präsidenten, Camp David, abstürzen. Nach Kämpfen zwischen Passagieren und den Entführern ging es aber in der Nähe von Pittsburgh nieder.

Die meisten Menschen starben beim Einsturz der beiden Türme des World Trade Centers, dessen Stahlkonstruktionen den starken

Der 11. September 2001, Anschlag auf das World Trade Center in New York City.

Kerosinbränden nicht standhielten. Etwa 2600 Opfer, darunter 350 Feuerwehrleute, fanden den Tod. 125 Menschen starben im Pentagon, 266 Passagiere in den Flugzeugen.

Die Passagierlisten offenbarten schnell, dass es sich bei den Tätern um Islamisten handelte. Bereits kurz nach den Anschlägen wurde Osama bin Laden, der Anführer des Terrornetzes al-Qaida vermutet. Die Organisation hatte offenbar seit Anfang der 90er Jahre Freiwillige als Attentäter ausgebildet. Einige der Todespiloten des 11. September hatten als Studenten in Deutschland gelebt, darunter der Anführer Mohammed Atta – ein erschreckender Beleg dafür, dass die Terroristen unauffällig unter uns weilen können.

Der Anschlag war der erste Angriff auf das Festland der USA seit 1814, als die englischen Soldaten im britisch-amerikanischen Krieg Washington eroberten. Das Land, das sich in Sicherheit gewähnt hatte, war erschüttert. Viele Staaten solidarisierten sich zunächst mit den USA (»Heute sind wir alle Amerikaner«, sagte der damalige Verteidigungsminister Peter Struck kurz nach dem Anschlag), in Berlin demonstrierten 300 000 Menschen, um ihre Unterstützung zu zeigen.

Auch die militärische Unterstützung war zunächst beachtlich. Die NATO rief zum ersten Mal seit ihrem Bestehen den »Bündnisfall« aus, sie interpretierte den Angriff auf die USA als Angriff auf alle NATO-Mitgliedstaaten. US-Präsident Bush erklärte jedem Land den Krieg, das Terroristen unterstütze. Nachdem Afghanistan nicht bereit war, Osama bin Laden auszuliefern, bombardierten die USA das Land einen Monat nach den Anschlägen; das Regime unter Mullah Omar stürzte bald.

Für Deutschland hatte der Angriff auf Afghanistan weit reichende Folgen: Die Bundesrepublik beteiligte sich an der Befriedung des Landes und der Sicherung der neuen Regierung von Präsident Hamid Karzai. Die Bundeswehr schickte Truppen nach Afghanistan – ein Novum, denn laut Grundgesetz sollte sie nur das eigene Land bzw. NATO-Partner verteidigen. Zum ersten Mal leisteten deutsche Soldaten einen Einsatz außerhalb des NATO-Gebietes. »Deutschland wird auch am Hindukusch verteidigt«, rechtfertigte Struck den Einsatz. Dies bedeutete eine schwere Belastung des rot-grünen Regierungsbündnisses, weil Teile der Partei Bündnis 90/Die Grünen das militärische Engagement ablehnten.

Das Solidaritätsbündnis mit den USA wurde allerdings auf eine harte Probe gestellt, als die Bush-Regierung den Irak-Krieg vorbereitete. Zuvor hatte der amerikanische Präsident wegen der Terrorangriffe das Recht der USA bekräftigt, Präventivkriege zur Abwehr weiterer Anschläge zu führen (»Bush-Doktrin«). Aus völkerrechtlicher Sicht sind Präventivkriege allerdings bedenklich: Sie verstoßen gegen Artikel 7 der UN-Charta, die Gewalt als legitimes Mittel zwischen Staaten ausschließt und das Gewaltmonopol beim Sicherheitsrat verankert.

Laut der Bush-Administration, die sich auf Geheimdienstinformationen stützte, besaß Iraks Diktator Saddam Hussein Massenvernichtungswaffen, welche auch die USA bedrohen. Zudem soll Saddam Verbindungen zur Terrorgruppe al-Qaida unterhalten haben. In einem denkwürdigen Auftritt vor den Vereinten Nationen präsentierte der damalige Außenminister Colin Powell eine Kaufvereinbarung der irakischen Regierung mit der Regierung von Niger über waffenfähiges Plutonium sowie belastendes Bildmaterial. Die Belege erwiesen sich im Nachhinein als Fälschung.

Die meisten Mitglieder des Sicherheitsrates und der Vollversammlung der UN sprachen sich vor Beginn des Krieges gegen eine Intervention und für eine Fortsetzung der Waffeninspektionen aus. Dennoch griffen die USA am 20. März 2003 den Irak an. Sie wurden dabei anfangs von weiteren 48 Staaten (»Koalition der Willigen«) unterstützt. Frankreich und Deutschland hatten sich geweigert, am Irak-Krieg teilzunehmen, Großbritannien, Spanien, Italien und Polen schlossen sich dagegen dem Bündnis an. Das führte zu einer vorübergehenden Spaltung Europas, US-Verteidigungsminister Donald Rumsfeld sprach vom »alten« und »neuen« Europa.

Der Irak-Krieg ist inzwischen offiziell beendet, doch das Land ist weit von einem wirklichen Frieden entfernt. Wenn auch die Bush-Regierung schon vor dem 11. September überlegt hatte, Saddam zu beseitigen, so war die Angst vor Terrorismus letztlich ein Auslöser für den folgenreichen Irak-Krieg. Die Anschläge wirkten sich aber auch auf die Einstellung gegenüber den USA sowie die Stimmung im Land aus. Bemerkbar macht sich das an scharfen Sicherheitskontrollen an Flughäfen, einer restriktiveren Visa-Politik sowie der Überwachung von Bürgern auf US-Boden.

Auch stehen die USA wegen ihrer Menschenrechtspolitik weltweit in der Kritik: Im Rahmen des Afghanistan-Feldzugs wurden aus der Umgebung der Taliban über tausend Verdächtige festgenommen, von denen bis heute zahlreiche ohne rechtliche Grundlage in dem Gefangenenlager Guantanamo auf Kuba in Haft sind.

Der Euro

Die Deutsche Mark war ein Symbol für den Neuanfang nach dem Zweiten Weltkrieg und vor allem für das deutsche Wirtschaftswunder. Sie war immer eine stabile Währung, auf die die Deutschen stolz waren; deswegen zeigten sich viele Bundesbürger verunsichert, als der Euro eingeführt wurde. Das Volk wurde nicht gefragt, weil es den Wechsel mit Sicherheit abgelehnt hätte. Mittlerweile ist eine deutliche Mehrheit der Deutschen dem Euro gegenüber positiv eingestellt, obwohl viele immer noch in D-Mark umrechnen, wenn sie wissen wollen, wie viel eine Sache *wirklich* kostet.

Die anfängliche Euro-Skepsis hing mit der wahrgenommenen Verteuerung von Waren und Dienstleistungen zusammen, was der Wortschöpfung »Teuro« zur Ehre des Wortes des Jahres 2002 verhalf. Allerdings ist nicht klar, inwieweit die Wahrnehmung der Inflation den Unmut über den Euro verursachte oder umgekehrt. In dem Jahr nach der Einführung des Euro als Bargeld am 1. Januar 2002 betrug die offizielle Inflationsrate in Deutschland unauffällige 1,9 Prozent. Waren und Dienstleistungen des täglichen Gebrauchs verteuerten sich im ersten Quartal 2002 allerdings um immerhin 4,8 Prozent. Zudem hatten Händler durch Preiserhöhungen kurz vor Jahreswechsel, durch geringere Füllmengen bei Produkten sowie durch die Aufrundung (was zuvor 0,89 Mark gekostet hatte, kostete jetzt 0,49 Euro statt korrekterweise 0,46 Euro) die wahren Preiserhöhungen verschleiert.

Die Akzeptanz, die der Euro inzwischen in der deutschen Bevölkerung genießt, liegt nicht nur daran, dass man im Urlaub in vielen Ländern nicht mehr Geld tauschen und Preise umrechnen muss. Der Stabilitätspakt, auf dem Deutschland bestand, macht strenge Auflagen für alle Mitgliedsstaaten der Europäischen Union, damit der Euro so stabil ist wie einst die Mark. Ironischerweise verletzte die Bundesrepublik selbst mehrfach diese Regeln. Wäre der

EZB in Frankfurt mit Euro-Symbol im Vordergrund.

Staat nicht dem Währungsbündnis beigetreten, müsste man wohl befürchten, dass es mit der legendären Stabilität der Mark nicht mehr weit her wäre.

Der Euro ist nicht nur ein rein wirtschaftliches, sondern auch ein politisches Projekt: Mit der Aufgabe der Mark wollte Bundeskanzler Helmut Kohl Befürchtungen Frankreichs vor der Übermacht eines wieder vereinigten Deutschlands entgegenwirken. Die europäische Währung bedurfte einer langen Vorbereitung. Den ersten konkreten Plan gab es 1970, zwei Jahre nach der weitgehenden wirtschaftlichen Integration Europas in der Zollunion. Der endgültige Zusammenbruch des Bretton-Woods-Systems 1973 (die Bindung an die goldgedeckte US-Währung, siehe auch S. 129) hatte einerseits den ursprünglichen Plan verzögert, anderseits eine Alternative zum Dollar-System notwendig gemacht.

1979 führten die europäischen Staaten den ECU (*European Currency Unit*) als Verrechnungseinheit und Vorläufer des Euro ein. Der ECU war eine Mischung der Währungen der Mitgliedsstaaten der Europäischen Gemeinschaft. Wenn Geschäftsverträge in ECU geschlossen wurden, trug jeder Partner immer noch das Risiko, dass seine eigene Währung schwanken konnte, er war aber vor Schwankungen des Geldes anderer Länder geschützt.

Die einheitliche Währung für Europa hat verschiedene Konsequenzen. Positiv ist, dass das Risiko von Kursschwankungen bei Investitionen und anderen Geschäften über Grenzen hinweg eliminiert wird, wie auch die Kosten der Geldkonversion wegfallen. Die Finanzmärkte werden damit größer, Unterschiede in Preisen sollten geringer werden und Preistransparenz und -konkurrenz steigen. Ökonomen erwarten, dass sich die makroökonomische Stabilität verbessert und die Inflationsgefahr verringert, besonders in den Ländern, die nicht eine starke, unabhängige Zentralbank wie die Bundesbank hatten.

Manche Ökonomen befürchten jedoch negative Folgen des Euro, denn die Finanzpolitik kann nur noch auf einen europäischen Mittelwert abgestimmt werden. Ein Land kann nicht mehr das Zinsniveau festlegen, das am besten an seine aktuelle wirtschaftliche Lage angepasst ist. Langfristig dürfte der Euro sich neben dem Dollar als Weltwährung für Geschäfte auch außerhalb des Kontinents und für Währungsreserven etablieren. Vielleicht wird eines Tages auch der Preis für Öl in Euro und nicht mehr in Dollar fixiert.

Anhang

Zum Weiterlesen

Jürgen Weber (Hrsg.): *Geschichte der Bundesrepublik Deutschland I–V*. Bayerische Landeszentrale für Politische Bildungsarbeit, 1994/98.
Anschaulich und didaktisch schildern die fünf Bände die deutsche Nachkriegsgeschichte bis 1963, der Schwerpunkt liegt bei den Jahren bis zur Gründung der BRD. Kostenlos erhältlich bei der Landeszentrale für Politische Bildung in München.

Ulrich Winkler: *Abiturwissen Geschichte*. Stark Verlag, 2003.
Kompakt und gut geschrieben gibt das Buch auf 175 Seiten einen breiten Überblick über die Nachkriegsgeschichte der BRD und der DDR sowie ihrer Beziehungen bis 2001.

Grundwissen Politik. Klett Verlag 2006.
Dieses alle paar Jahre aktualisierte Buch ist ebenfalls für Oberstufenschüler gedacht und gibt auf 330 Seiten einen Überblick über Gesellschaft, Wirtschaft und Politik der Bundesrepublik sowie über die Europäische Union und die Vereinten Nationen.

Fritz Schäfer: *Grundlagen der nationalen und internationalen Politik*. Stark Verlag 2003.
In der Reihe »Kompakt Wissen Abitur« erschienen, vermittelt das Büchlein im Pocket-Format auf 125 Seiten Wissenswertes über das politische System Deutschlands und seine auswärtige Politik.

Wikipedia, www.wikipedia.de
Das beste Nachschlagewerk im Internet. Es besitzt zwar nicht die wissenschaftliche Autorität des Brockhaus, doch die meisten Artikel sind gut recherchiert und anschaulich geschrieben.

Glossar der wichtigsten Begriffe auf der Finanzseite Ihrer Tageszeitung

Für Eingeweihte erklärt die Finanzseite einer Zeitung die Welt der Geldgeschäfte, der Laie aber sieht manchmal nur mysteriöse Kürzel und Zahlenreihen. Um den Einstieg zu erleichtern, werden hier einige zentrale Begriffe zusammengefasst.

Aktienindex
Ein Mittelwert der Preise der Aktien in einem bestimmten Segment der internationalen Aktienmärkte. Bekannte Indizes sind DAX (Deutschland), Dow Jones (USA) und Nikkei (Japan).

Aktionsplit
Eine Aktiengesellschaft kann beschließen, ihre Aktien zu teilen, um so aus jeder Aktie zwei zu machen. Dadurch wird jede Aktie nur halb so viel wert. Der Vorteil ist, dass die Aktien billiger erscheinen und leichter gehandelt werden können.

EBIT
»Earnings Before Interest and Taxes«, also Gewinn vor Zinsen und Steuern, was einen objektiveren Vergleich der Betriebsergebnisse verschiedener Unternehmungen ermöglicht.

Emissionsrendite
Die Durchschnittsrendite von neu ausgegebenen festverzinslichen Wertpapieren.

Genussschein
Eine Form der Geldanlage, die zwischen einer Aktie und einer Anleihe liegt. Der Schein berechtigt zur Beteiligung am Gewinn des Unternehmens, aber nicht zur Mitsprache an der Unternehmensführung. Die Höhe der Verzinsung ist nicht garantiert, und im Zweifelsfall dürfen andere Gläubiger vorrangig bedient werden.

ISIN
»International Securities Identification Number«. Jedes Wertpapier wird durch eine weltweit eindeutige, zwölfstellige Buchstaben-Zahlen-Kombination identifiziert. Die ISIN von der Bayer AG, zum Beispiel, ist DE0005752000. Sie beginnt, wie alle deutschen ISINs, mit dem Länderkürzel DE. 575200 ist die bisherige deutsche Wertpapierkennnummer. (Die drei Nullen davor sind Platzhalter, weil manche Länder längere Nummern nutzen, die Null danach ist eine Prüfziffer, die hilft, Schreibfehler auszuschließen.)

Kurs-Gewinn-Verhältnis (KGV)
Eine Kennzahl zur Beurteilung der Ertragskraft eines Unternehmens. Errechnet sich als der Preis einer Aktie mal der Anzahl der Aktien, geteilt durch den Jahresgewinn. Ein KGV kleiner als 10 wird allgemein als günstig bewertet, größer als 20 als ungünstig.

Leitzins
Der Zinssatz, der von einer Zentralbank angeboten wird, z.B. von der Europäischen Zentralbank. Dieser Zinssatz gilt nur für Geschäfte zwischen Banken. Indirekt beeinflusst er aber den gesamten Kapitalmarkt. Deswegen gilt er als Indikator der Renditeentwicklung und wird zur Steuerung der Geldpolitik benutzt.

Nullkuponanleihe
auch Zero-Bond genannt; eine Sonderform des verzinslichen Wertpapiers ohne laufende Zinszahlung. Es gibt nur eine Auszahlung am Ende der Laufzeit.

Rendite
Die Rendite (manchmal auch RoI, nach dem englischen Ausdruck »Return on Investment«) gibt das Verhältnis der Einnahmen zu den Ausgaben an, meistens in Prozent pro Jahr. Im Fall von festverzinslichen Wertpapieren kann die Rendite regelmäßig ausgeschüttet werden oder sich aus dem vereinbarten Rückkaufpreis am Ende der Laufzeit ergeben. Die Rendite von Aktien ist schwerer zu bestimmen, weil sie nicht fest vereinbart ist, sondern sich aus den aktuellen Dividenden und Änderungen im Kurs zusammensetzt.

Termingeld
Eine befristete Geldanlage. Die Befristung kann entweder die Form eines Enddatums (Festgeld) oder einer Kündigungsfrist (Kündigungsgeld) annehmen.

Termingeschäft
Ein Vertrag, bei dem die Wertpapiere erst zu einem späteren Zeitpunkt geliefert werden müssen. Wenn der Käufer verpflichtet ist, das Geschäft zu tätigen, spricht man von einem »Future«. Wenn der Käufer ein Recht, aber keine Verpflichtung hat, die Aktien tatsächlich zu kaufen, heißt es eine »Option«.

Umlaufrendite
Die durchschnittliche Rendite aller im Umlauf befindlichen festverzinslichen Wertpapiere. Gilt als Indikator des aktuellen Zinsniveaus.

Volatilität
Die Schwankung des Kurses. Bei der Bewertung einer Geldanlage sollte nicht nur auf die Rendite geschaut werden, sondern auch auf das Risiko. Da dieses schwer zu erfassen ist, greift man auf eine Beschreibung der Schwankungen zurück. Eine Volatilität von 20 Prozent heißt, dass der Kurswert in einem Jahr zwischen 80 und 120 Prozent des aktuellen Mittelwerts schwankte.

Firmen im DAX

Adidas-Salomon
Allianz
Altana
BASF
Bayerische Motoren Werke
Bayer
Commerzbank
Continental
Daimler-Chrysler
Deutsche Bank
Deutsche Börse
Deutsche Post
Deutsche Telekom
E.On
Fresenius Medical Care
Henkel
Hypo Real Estate
Infineon
Linde
Lufthansa
MAN
Metro
Münchner Rückversicherung
RWE
SAP
Schering
Siemens
Thyssen-Krupp
TUI
Volkswagen

Quelle: Deutsche Börse AG, Stand 19.5.2006

Die reichsten Deutschen

	Name	Vermögen (Mrd. Euro)	Firmenanteile an
1.	Karl Albrecht	15,60	Aldi Süd
2.	Theo Albrecht	15,10	Aldi Nord
3.	Susanne Klatten	7,80	BMW, Altana
4.	Reinhard Mohn	6,50	Bertelsmann
5.	Werner und Michael Otto	5,50	Otto-Versand
6.	Friedrich Karl Flick	5,50	Flick-Holding
7.	Ingeburg Herz	5,10	Tchibo
8.	Reinhold Würth	5,05	Würth-Gruppe
9.	Familie Porsche	4,95	Porsche
10.	Günter und Daniela Herz	4,60	Mayfair-Holding
11.	Stefan Quandt	4,55	BMW
12.	Curt Engelhorn	4,50	Boehringer Mannheim
13.	Familie Rudolf-August Oetker	4,20	Oetker-Gruppe
14.	Otto Beisheim	4,10	Metro-Gruppe
	Johanna Quandt	4,10	BMW
16.	Familie Haub	4,00	Tengelmann-Gruppe
17.	Familie Braun	3,80	B. Braun
18.	Hasso Plattner	3,75	SAP
19.	Familie August von Finck	3,60	Merck, Finck & Co.
20.	Familie von Oppenheim	3,25	Bankhaus Sal. Oppenheim
21.	Heinz Bauer	3,20	Bauer Verlagsgruppe
22.	Michael und Reiner Schmidt-Ruthenbeck	3,10	Metro
23.	Familie von Holtzbrinck	3,00	Verlagsgruppe Holtzbrinck

Quelle: ›manager magazin‹, Sonderheft: »Die 300 reichsten Deutschen«, Oktober 2005.

Mitgliedstaaten der EU

Land	Hauptstadt	Beitritts-jahr	Bevölk. (Mio.)	Fläche (km²)	BIP/Kopf (Euro)
Belgien	Brüssel	1952	10,4	30510	25719
Deutschland	Berlin	1952/1990	82,4	357021	25840
Frankreich	Paris	1952	59,6	547030	26128
Italien	Rom	1952	57,3	301320	22704
Luxemburg	Luxemburg	1952	0,4	2586	58690
Niederlande	Amsterdam	1952	16,2	41526	28012
Dänemark	Kopenhagen	1973	5,4	43094	34787
Irland	Dublin	1973	4,0	70280	32981
Vereinigtes Königreich	London	1973	59,3	244820	26791
Griechenland	Athen	1981	11,0	131940	13951
Portugal	Lissabon	1986	10,5	92931	12582
Spanien	Madrid	1986	41,6	504782	17862
Finnland	Helsinki	1995	5,2	337030	27581
Österreich	Wien	1995	8,1	83858	27688
Schweden	Stockholm	1995	8,9	449964	30048
Estland	Tallinn	2004	1,4	45226	5302
Lettland	Riga	2004	2,3	64589	3985
Litauen	Vilnius	2004	3,5	65200	4612
Malta	Valletta	2004	0,4	316	11113
Polen	Warschau	2004	38,2	312685	4849
Slowakei	Bratislava	2004	5,4	48845	5337
Slowenien	Ljubljana	2004	2,0	20253	12244
Tschechien	Prag	2004	10,2	78866	7420
Ungarn	Budapest	2004	10,1	93030	7251
Zypern	Nikosia	2004	0,7	9250	16177
Gesamt	-	-	455,7	3973597	22911

Die deutschen Bundesländer

Land	Hauptstadt	Einw. (Mio.)	Fläche (km²)	BIP/Kopf (Euro)	Stimmenzahl im Bundesrat
Baden-Württemberg	Stuttgart	10,7	35752	29432	6
Bayern	München	12,4	70549	29946	6
Berlin		3,4	892	22786	4
Brandenburg	Potsdam	2,6	29477	17476	4
Bremen		0,7	404	35257	3
Hamburg		1,7	755	44508	3
Hessen	Wiesbaden	6,1	21115	31807	5
Mecklenburg-Vorpommern	Schwerin	1,7	23173	17087	3
Niedersachsen	Hannover	8,0	47618	25832	6
Nordrhein-Westfalen	Düsseldorf	18,1	34083	25832	6
Rheinland-Pfalz	Mainz	4,1	19847	22861	4
Saarland	Saarbrücken	1,1	2569	24260	3
Sachsen	Dresden	4,3	18413	17774	4
Sachsen-Anhalt	Magdeburg	2,5	20445	17438	4
Schleswig-Holstein	Kiel	2,8	15763	23398	4
Thüringen	Erfurt	2,4	16172	17554	4

Zentralen für Politische Bildung

Bundeszentrale für Politische Bildung
Adenauerallee 86
53113 Bonn
Tel.: 01888/515-0
Fax: 01888/515-113
http://www.bpb.de/
E-Mail: info@bpb.de

Baden-Württemberg
Stafflenbergstraße 38
70184 Stuttgart
Tel.: 0711/16 40 99-0
Fax: 0711/16 40 99-77
http://www.lpb.bwue.de
E-Mail: lpb@lpb.bwue.de

Bayern
Brienner Straße 41
80333 München
Tel.: 089/21 86 0
Fax: 089/21 86 21 80
http://www.km.bayern.de/blz
E-Mail: poststelle@stmukwk.bayern.de

Berlin
An der Urania 4-10
10787 Berlin
Tel.: 030/90 16-2552
Fax: 030/90 16-2538
http://www.landeszentrale-politische-bildung-berlin.de
E-Mail: landeszentrale@senbjs.verwalt-berlin.de

Brandenburg
Heinrich-Mann-Allee 107
14473 Potsdam
Tel.: 0331/866 3541
Fax: 0331/866 3544
http://www.politische-bildung-brandenburg.de
E-Mail: blzpb@mbjs.brandenburg.de

Bremen
Osterdeich 6
28203 Bremen
Tel.: 0421/36 12 922
Fax: 0421/36 14 453
http://www.lzpb-bremen.de
E-Mail: info@lzbp-bremen.de

Hamburg
Steinstraße 7
20095 Hamburg
Tel.: 040/42854-2148/-49
Fax: 040/42854-2154
http://www.politische-bildung.hamburg.de
E-Mail: PolitischeBildung@bbs.hamburg.de

Hessen
Taunusstraße 4-6
65183 Wiesbaden
Tel.: 0611/3240-000
Fax: 0611/3240-77
http://www.hlz.hessen.de
E-Mail: hlz@hlz.hessen.de

Mecklenburg-Vorpommern
Jägerweg 2
19053 Schwerin
Tel.: 0385/30 20 90
Fax: 0385/30 20 922
http://www.mv-regierung.de/lpb
E-Mail: poststelle@lpb.mv-regierung.de

Niedersachsen
Auf Beschluss der Landesregierung wurde die
Niedersächsische Landeszentrale für Politische Bildung
zum 31.12.2004 aufgelöst.

Nordrhein-Westfalen
Horionplatz 1
40213 Düsseldorf
Tel.: 0211-8618-4610
Fax: 0211-8618-4675
http://www.politische-bildung.nrw.de
E-Mail: info@politische-bildung.nrw.de

Rheinland-Pfalz
Am Kronberger Hof 6
55116 Mainz
Tel.: 06131/16 29 70
Fax: 06131/16 29 80
http://www.politische-bildung-rlp.de
E-Mail: lpb.zentrale@politische-bildung-rlp.de

Saarland (LPM)
Beethovenstr. 26
66125 Saarbrücken
Tel.: 06897/79 08 104
Fax: 06897/79 08 177
http://www.lpm.uni-sb.de/lpb/
E-Mail: lpb@pegasus.lpm.uni-sb.de

Sachsen
Schützenhofstraße 36
01129 Dresden
Tel.: 0351/85 31 80
Fax: 0351/85 31 855
http://www.slpb.de
E-Mail: info@slpb.smk.sachsen.de

Sachsen-Anhalt
Schleinufer 12
39104 Magdeburg
Tel.: 0391/567 01
Fax: 0391/567 64 64
http://www.lpb.sachsen-anhalt.de/
E-Mail: sekretariat@lpb.stk.sachsen-anhalt.de

Schleswig-Holstein
Kehdenstraße 27
24103 Kiel
Tel.: 0431/9885936-7
Fax: 0431/9885942
http://www.politische-bildung.schleswig-holstein.de
E-Mail: info@lpb.landsh.de

Thüringen
Postfach 10 21 51
99021 Erfurt
Tel.: 0361/37 9-2701
Fax: 0361/37 9-2702
http://www.thueringen.de/de/lzt
E-Mail: lzt@thueringen.de

Die österreichischen Bundesländer

Burgenland; Landeshauptstadt: Eisenstadt
Kärnten; Landeshauptstadt: Klagenfurt
Niederösterreich; Landeshauptstadt: St. Pölten
Oberösterreich; Landeshauptstadt: Linz
Salzburg; Landeshauptstadt: Salzburg
Steiermark; Landeshauptstadt: Graz
Tirol; Landeshauptstadt: Innsbruck
Vorarlberg; Landeshauptstadt: Bregenz
Wien; Landeshauptstadt: Wien

Die schweizerischen Kantone

Aargau
Appenzell Ausserrhoden
Appenzell Innerrhoden
Basel Landschaft
Basel Stadt
Bern
Freiburg
Genf
Glarus
Graubünden
Jura
Luzern
Neuenburg
Nidwalden
Obwalden
Schaffhausen
Schwyz
Solothurn
St. Gallen
Tessin
Thurgau
Waadt
Wallis
Uri
Zug
Zürich

Namenverzeichnis

Adenauer, Konrad (1876–1967), deutscher Politiker und erster
Bundeskanzler der BRD 15ff., 32f., 41, 92
Adorno, Theodor (1903–1969), deutscher Philosoph und Soziologe 63
Ajatollah Khomeini (1900–1989), islamischer Geistlicher und iranischer
Revolutionsführer 33ff., 54
Albrecht, Karl (*1920), Kaufmann, Mitbegründer von »Aldi« 49ff.
Albrecht, Theo (*1922) Kaufmann, Mitbegründer von »Aldi« 49ff.
Alexander der Große (356–323 v. Chr.), antiker Herrscher 141
Allen, Paul (*1953), Mitbegründer von »Microsoft« 68f.
al-Sarkawi, Abu Mussab (1966–2006), islamischer Extremist und
Terrorist 72
Annan, Kofi (*1938), Generalsekretär der UN 127f.
Arafat, Jassir (1929–2004), palästinensischer Politiker und
Präsident 51ff.
Aristoteles (384–322 v. Chr.), antiker Philosoph und Lehrer Alexander
des Großen 80, 140
Atta, Mohammed (1968–2001), islamischer Extremist und
Terrorist 160
Bahr, Egon (*1922), deutscher Politiker, Schmied der deutschen
Ostpolitik in der Ära Willy Brandt 42
Banisadr, Abu l'Hasan (*1934), iranischer Politiker, gemäßigter
Präsident 36
Barzel, Rainer (*1924), deutscher Politiker 44, 55
Biermann, Wolf (*1936), deutscher Liedermacher und Systemkritiker
der ehemaligen DDR 39
Bismarck, Otto von (1815–1898), deutscher Politiker und Staatsmann,
Reichskanzler des Deutschen Reiches 97
Blanqui, Louis-Auguste (1805–1881), französischer Sozialist und
Revolutionär, führendes Mitglied der »Pariser Kommune« 144
Bohley, Bärbel (*1945), Künstlerin und Bürgerrechtlerin,
Systemkritikerin der ehemaligen DDR 80
Bohr, Niels (1885–1962), dänischer Physiker und Nobelpreisträger 156
Botha, Pieter Willem (*1916), südafrikanischer Politiker und
Staatspräsident 46
Brandt, Willy (1913–1992), deutscher Politiker, erster SPD-Kanzler der
BRD und Friedensnobelpreisträger 44ff., 55, 92, 154

Namenverzeichnis **181**

Breschnew, Leonid (1906–1982), sowjetischer Politiker und Staatspräsident 60
Burke, Edmund (1729–1797), englischer Politiker und Publizist 79
Bush Jr., George W. (*1946), amerikanischer Politiker, 43. Präsident der USA 72, 161f.
Carstens, Karl (1914–1992), deutscher Politiker, Bundespräsident der BRD 93
Chiang Kai-shek (1887–1975), chinesischer General und Politiker, Staatspräsident von Taiwan 26
Clay, Lucius (1897–1978), amerikanischer Militärgouverneur in Berlin 31
Clinton, Bill (*1946), amerikanischer Politiker, 42. Präsident der USA 52
Cohn-Bendit, Daniel (*1945), deutscher EU-Parlamentarier 63
Deng Xiaoping (1904–1997), chinesischer Politiker, führender Kader der KPCh ab 1977 28
Drakon (7. Jh. v. Chr.), athenischer Gesetzgeber 138
Dutschke, Rudi (1940–1979), deutscher Studentenführer 43
Edison, Thomas (1847–1931), amerikanischer Elektroingenieur und Erfinder 15
Eisenhower, Dwight D. (1890–1969), amerikanischer Politiker, 34. Präsident der USA 152
Engels, Friedrich (1820–1895), deutscher Philosoph und Politiker 9ff.
Erhard, Ludwig (1897–1977), deutscher Politiker, Bundeskanzler der BRD 29ff., 92
Fahd, König von Saudi-Arabien (um 1920–2005) 71
Fischer, Joschka (*1948), deutscher Politiker, erster »grüner« Bundesminister und Vizekanzler 62ff.
Flick, Friedrich Karl (*1927), deutscher Großunternehmer 63
Ford, Henry (1863–1947), amerikanischer Unternehmer und Großindustrieller 12ff., 50
Frahm, Herbert Ernst Karl s. Brandt, Willy
Friedman, Milton (*1912), amerikanischer Volkswirtschaftler 24
Fukuyama, Francis (1952), amerikanischer Volks- und Politikwissenschaftler 257
Gandhi, Mahatma (1869–1948), indischer Freiheitskämpfer 19ff.
Gates, Bill (*1955), amerikanischer Computerpionier, Begründer des Wirtschaftsimperiums »Microsoft« 66ff.
Gates, Melinda (*1964), Ehefrau von Bill Gates und Leiterin der weltweit größten Wohltätigkeitsstiftung 70

Gaulle, Charles de (1890–1970), französischer General und Politiker, Staatspräsident 17f.

Goebbels, Joseph (1897–1945), deutscher Politiker, Propagandaminister unter Hitler 59

Gorbatschow, Michail (*1931), sowjetischer Politiker, Reformer und Staatspräsident 40, 58ff., 118

Gorbatschow, Raissa (1932–1999), Ehefrau und Beraterin von Michail Gorbatschow 61f.

Guillaume, Günter (1927–1995), DDR-Agent, verursachte den Sturz Willy Brandts 44

Habermas, Jürgen (*1929), deutscher Philosoph und Soziologe 63

Hairi Yazdi (1923–1999), islamischer Gelehrter und Schriftsteller 33f.

Harlem Brundtland, Gro (*1939), norwegische Politikerin und Ministerpräsidentin 95

Hartz, Peter (*1941), deutscher Wirtschaftsmanager und Kanzlerberater von Gerhard Schröder 100

Hauptmann, Gerhart (1862–1946), deutscher Dichter 144

Havemann, Robert (1910–1982), deutscher Naturwissenschaftler und politischer Theoretiker, Systemkritiker der ehemaligen DDR 39

Hegel, Georg Wilhelm Friedrich (1770–1831), deutscher Philosoph 9, 157

Heine, Heinrich (1797–1856), deutscher Dichter und Publizist 144

Heinemann, Gustav (1899–1976), deutscher Politiker, Bundespräsident der BRD 18, 93

Hendi, Ruhollah s. Ajatollah Khomeini

Herzog, Roman (*1934), deutscher Staatsrechtslehrer und Politiker, Bundespräsident der BRD 64, 93

Heuss, Theodor (1884–1963), deutscher Politiker, erster Bundespräsident der BRD 93

Hipparchos (6. Jh. V. Chr.), Tyrann im antiken Athen 139

Hippias (6./5. Jh. V. Chr.), Tyrann im antiken Athen 139

Hitler, Adolf (1889–1945), deutscher Politiker, Diktator 14, 23, 26, 115

Hobbes, Thomas (1588–1679), englischer Philosoph 79

Honecker, Erich (1912–1994), deutscher Politiker, Staatsratsvorsitzender der ehemaligen DDR 37ff., 59, 118

Honecker, Margot (*1927) Politikerin, Ehefrau von Erich Honecker 40

Hughes, Howard (1905–1976), amerikanischer Flieger und Unternehmer 49

Huntington, Samuel (*1927), amerikanischer Politologe 158

Jefferson, Thomas (1734–1826), amerikanischer Rechtsanwalt, 3. Präsident der USA 142
Jelzin, Boris (*1931), russischer Politiker, Präsident Russlands 61f.
Kant, Immanuel (1724–1804), deutscher Philosoph 75, 81f.
Karzai, Hamid (*1957), afghanischer Präsident 161
Kennedy, John F. (1917–1963), amerikanischer Politiker, 35. Präsident der USA 118, 159
Keynes, John Maynard (1883–1946), britischer Volkswirtschaftler 23ff., 31, 107
Kielmansegg, Peter Graf (*1937), deutscher Politologe 19
Kiesinger, Kurt Georg (1904–1988), deutscher Politiker, Bundeskanzler der ersten großen Koalition in der BRD 41, 92
Kim Il Sung (1912–1994), nordkoreanischer Diktator 27, 78
Kim Jong Il (*1942), nordkoreanischer Diktator 78
Klerk, Frederik Willem de (*1936), südafrikanischer Politiker, hob als Staatspräsident die Apartheidpolitik auf 46f.
Kohl, Helmut (*1930), deutscher Politiker, Bundeskanzler der BRD 38, 55ff., 59, 63, 89, 92, 95, 164
Köhler, Horst (*1943), deutscher Staatspräsident 93
La Fayette, Marie Joseph (1757–1834), französischer General und Staatsmann 141
Lambsdorff, Otto Graf (*1926), deutscher Politiker 55f.
Lenin (1870–1924), Gründer der Sowjetrepublik 12
Locke, John (1632–1704), englischer Philosoph 79f.
Lorenz, Peter (1922–1987), Berliner Politiker 118
Louis Philippe (1773–1850), französischer König 143
Lübke, Heinrich (1894–1972), deutscher Politiker, Präsident der BRD 93
Ludwig XIV. (1643–1715), König von Frankreich 77, 141ff.
Mandela, Nelson (*1918), südafrikanischer Staatsmann 45ff.
Mao Zedong (1893–1976), chinesischer Diktator, Gründer der Volksrepublik China 12, 25ff., 63, 78
Marie-Antoinette (1755–1793), französische Königin 142
Marx, Karl (1818–1883), deutscher Philosoph und Volkswirtschaftler 9ff, 63, 157
Mathiopoulos, Margarita (1957), deutsch-griechische Politikwissenschaftlerin 45
Mbeki, Thabo (*1942), südafrikanischer Politiker und Staatspräsident 48
Merkel, Angela (*1954), deutsche Politikerin, erste Bundeskanzlerin Deutschlands 58, 92

Mielke, Erich (1907–2000), deutscher Politiker, Leiter des Staatssicherheitsdienstes der ehemaligen DDR 39

Mitterand, François (1916–1996), französischer Politiker und Staatspräsident 56

Montazeri, Hussein (* um 1922), iranischer Gelehrter und Systemkritiker 35f.

Montesquieu, Charles de (1689–1755), französischer Schriftsteller und Staatsphilosoph 80f.

Napoleon Bonaparte (1769–1821), französischer Feldherr und Kaiser 133

Nehru, Jawaharlal (1889–1964), indischer Politiker und Ministerpräsident 21

Newcomen, Thomas (1663–1729), englischer Schmied und Techniker, Erbauer von Dampfmaschinen für den Bergbau 145

Niemeyer, Oscar (1907–2004), brasilianischer Architekt 127

Nixon, Richard (1913–1994), amerikanischer Politiker, 37. Präsident der USA 29, 132

Ohnesorg, Benno (1940–1967), deutscher Student 118

Osama bin Laden (*1957), islamischer Extremist und Anführer des weltweit agierenden Terrornetzes al-Qaida 70ff., 161f.

Peisistratos (6. Jh. v. Chr.), athenischer Tyrann 139

Peres, Shimon (*1923), israelischer Politiker, Ministerpräsident und Friedensnobelpreisträger 59

Perikles (5. Jh. v. Chr.), athenischer Staatsmann 140

Pöhl, Karl Otto (*1929), deutscher Volkswirtschaftler 57

Powell, Colin (*1937), amerikanischer General und Politiker, erster schwarzer Außenminister der USA 162

Rabi, Isidor (1898–1988), polnisch-amerikanischer Physiker 151

Rabin, Yitzhak (1922–1995), israelischer Politiker, Ministerpräsident und Friedensnobelpreisträger 52f.

Rau, Johannes (1931–2006), deutscher Politiker, Staatspräsident Deutschlands 93

Reagan, Ronald (1911–2004), amerikanischer Schauspieler und Politiker, 40. Präsident der USA 59ff., 118

Reza Pahlevi, Mohammad (1919–1980), iranischer Schah 34ff., 154

Ricardo, David (1772–1823), britischer Volkswirtschaftler 106

Rockefeller Jr., John (1839–1937), amerikanischer Unternehmer 127

Rousseau, Jean-Jacques (1712–1778), französisch-schweizerischer Philosoph 79, 141

Rumsfeld, Donald (*1932), amerikanischer Politiker 56, 162

Namenverzeichnis **185**

Rushdie, Salman (*1947), britischer Schriftsteller iranischer Herkunft 36
Saddam Hussein (*1937), irakischer Diktator 73, 153, 162
Santer, Jacques (*1937), luxemburgischer Politiker 126
Schabowski, Günter (*1929), deutscher Politiker 118f.
Scharon, Ariel (*1928), israelischer Politiker, Ministerpräsident 54
Scheel, Walter (*1919), deutscher Politiker, Bundespräsident der BRD 42, 93
Schmidt, Helmut (*1918), deutscher Politiker, Bundeskanzler der BRD 38, 56, 92
Schröder, Gerhard (*1944), deutscher Politiker, Bundeskanzler 64ff., 92
Schumacher, Kurt (1895–1952), deutscher Politiker 31
Smith, Adam (1723–1790), britischer Philosoph und Volkswirtschaftler 24
Spaak, Paul-Henri (1899–1972), belgischer Politiker, Gründungsvater der Europäischen Union 126
Spinelli, Altiero (1907–1986), italienischer Politiker, setzte sich für die europäische Integration ein 126
Stalin, Josef (1879–1953), sowjetischer Staatschef und Diktator 26, 59, 78, 115
Strauß, Franz Josef (1915–1988), deutscher Politiker 38, 55
Struck, Peter (*1943), deutscher Politiker 161
Stücklen, Richard (1916–2002), deutscher Politiker 63
Suha Tawil (*1963), Ehefrau von Jassir Arafat 54
Thatcher, Margaret (*1925), britische Politikerin und Regierungschefin 57, 59
Tschernenko, Konstantin (1911–1985), sowjetischer Politiker und Staatschef 59
Tutu, Desmond (*1931), südafrikanischer Erzbischof 48
Ulbricht, Walter (1893–1973), deutscher Politiker, Staatsratsvorsitzender der ehemaligen DDR 37, 43
Voltaire (1694–1778), französischer Schriftsteller und Philosoph 141
Wehner, Herbert (1906–1990), deutscher Politiker 44
Weizsäcker, Richard von (*1920), deutscher Politiker, Staatspräsident 93
Westinghouse, George (1846–1914), amerikanischer Ingenieur und Industrieller 15

Bildnachweis

akg-images, Berlin   84, 139 (Foto Nimatallah)
Bettmann / Corbis, Düsseldorf   76, 151
Bundesbildstelle   30, 64
Deutsches historisches Museum, Berlin   10
Grafik Achim Norweg   87, 89, 92, 99, 105, 111, 113, 120, 131, 136, 155
picture-alliance/dpa   81 (Foto Steffen Kugler), 102 (Foto epa AFP), 124 (Foto Lehtikuva Jussi Nukari), 133 (Foto Gaetan Bally), 160 (Foto Hubert Boesl), 164 (Foto Oliver Berg)
Reuters / Corbis   47 (Foto Juda Ngwenya)
Ullstein Bild   149

Alle anderen Abbildungen stammen aus den Archiven der Autoren und des Herausgebers.

Aktuelle Themen im dtv

Olaf Baale
Abbau Ost
Lügen, Vorurteile und sozialistische Schulden
ISBN 978-3-423-**34468**-5

Alexander Bahar
Folter im 21. Jahrhundert
Auf dem Weg in ein neues Mittelalter?
ISBN 978-3-423-**24713**-9

Julia Berger
Gefeuert
Mein Leben nach der Kündigung
ISBN 978-3-423-**24832**-7

Gerhard Berz
Wie aus heiterem Himmel?
Naturkatastrophen und Klimawandel
Was uns erwartet und wie wir uns darauf einstellen sollten
ISBN 978-3-423-**24766**-5

Jochen Bittner
So nicht, Europa!
Die drei großen Fehler der EU
ISBN 978-3-423-**24833**-4

Heinz Bude
Die Ausgeschlossenen
Das Ende vom Traum einer gerechten Gesellschaft
ISBN 978-3-423-**34599**-6

Ian Buruma
Chinas Rebellen
Die Dissidenten und der Aufbruch in eine neue Gesellschaft
Übers. v. H. G. Holl
ISBN 978-3-423-**34572**-9

Colin J. Campbell
Ölwechsel!
Das Ende des Erdölzeitalters und die Weichenstellung für die Zukunft
Übers. v. H. Roth
ISBN 978-3-423-**34389**-3

Paul Collier
Die unterste Milliarde
Warum die ärmsten Länder scheitern und was man dagegen tun kann
Übers. v. R. Seuß und M. Richter
ISBN 978-3-423-**34629**-0

Jim Collins
Der Weg zu den Besten
Die sieben Management-Prinzipien für dauerhaften Unternehmenserfolg
Übers. v. M. Baltes und F. Böhler
ISBN 978-3-423-**34039**-7

Joseph Croitoru
Hamas
Auf dem Weg zum palästinensischen Gottesstaat
Aktualisierte Ausgabe
ISBN 978-3-423-**34600**-9

Bitte besuchen Sie uns im Internet: www.dtv.de

Aktuelle Themen im dtv

Cordelia Edvardson
Wenn keiner weiterweiß
Berichte von der Grenze
Übers. v. S. Engeler
ISBN 978-3-423-34574-3

Yvonne Feller,
Florian Flechsig
**Wir sind jung und
brauchen das Geld**
Ein Selbstversuch
ISBN 978-3-423-24834-1

Markus Frenzel
Leichen im Keller
Wie Deutschland internationale
Kriegsverbrecher unterstützt
ISBN 978-3-423-24876-1

Alva Gehrmann
Alles ganz Isi
Isländische Lebenskunst für
Anfänger und Fortgeschrittene
ISBN 978-3-423-24874-7

Adrian Geiges, Marc Goergen,
Bettina Sengling
China
Die Geschichte der neuen
Weltmacht
Vom ersten Kaiser bis zur
Gegenwart
ISBN 978-3-423-24741-2

Patrick Gensing
Angriff von rechts
Die Strategien der Neonazis –
und was man dagegen tun kann
ISBN 978-3-423-34551-4

Robert Greene
Power
Die 48 Gesetze der Macht
Übers. v. H. Schickert und
B. Brandau
ISBN 978-3-423-36248-1

**Die 24 Gesetze der
Verführung**
Ein Joost-Elffers-Buch
Übers. v. H. Schickert
ISBN 978-3-423-34081-6

Rainer Hermann
**Wohin geht die türkische
Gesellschaft?**
Kulturkampf in der Türkei
ISBN 978-3-423-24682-8

**Die Golfstaaten
Wohin geht das neue
Arabien?**
ISBN 978-3-423-24875-4

Lamya Kaddor
**Muslimisch – weiblich –
deutsch!**
Mein Weg zu einem zeit-
gemäßen Islam
ISBN 978-3-423-34677-1

Sudhir Kakar
Die Inder
Porträt einer Gesellschaft
ISBN 978-3-423-34630-6

Gudrun Krämer
Geschichte des Islam
ISBN 978-3-423-34467-8

Bitte besuchen Sie uns im Internet: www.dtv.de

Aktuelle Themen im dtv

Gerd Langguth
Kohl, Schröder, Merkel
Machtmenschen
ISBN 978-3-423-24731-3

Mark Leonard
Was denkt China?
Übers. v. H. Dierlamm
ISBN 978-3-423-24738-2

Ursula Ott
Total besteuert
Wie ich einmal ganz alleine den Staatshaushalt retten sollte
ISBN 978-3-423-34597-2

Katrin Rohnstock
Ralf Pasch
Mein Leben im Schatten der Blutrache
Die Geschichte der Gülnaz Beyaz
ISBN 978-3-423-34480-7

Roberto Saviano
Gomorrha
Reise in das Reich der Camorra
Übers. v. F. Hausmann und R. Seuß
ISBN 978-3-423-34529-3

Kurt Seinitz
Vorsicht China!
Wie das Reich der Mitte unser Leben verändert
ISBN 978-3-423-34466-1

Volker Seitz
Afrika wird armregiert oder Wie man Afrika wirklich helfen kann
Mit einem Vorwort von Rupert Neudeck
ISBN 978-3-423-24808-2

Daniel Friedrich Sturm
Wohin geht die SPD?
ISBN 978-3-423-24709-2

Richard Thiess
Mordkommission
Wenn das Grauen zum Alltag wird
ISBN 978-3-423-24796-2

Halt, stehenbleiben! Polizei!
Aus dem Leben eines Ermittlers
Über 40 authentische Fälle
ISBN 978-3-423-34676-4

Ilija Trojanow, Juli Zeh
Angriff auf die Freiheit
Sicherheitswahn, Überwachungsstaat und der Abbau bürgerlicher Rechte
ISBN 978-3-423-34602-3

Frederic Vester
Phänomen Streß
Wo liegt sein Ursprung, warum ist er lebenswichtig, wodurch ist er entartet?
ISBN 978-3-423-33044-2

Bitte besuchen Sie uns im Internet: www.dtv.de